ПРО ЗАЙКУ

Тексты для ребенка читает взрослый.

ИСТОРИЯ о том, как Зайка утром встал с кроватки, провожал папу на работу, встретился с пчелой и играл в мячик с друзьями

Утро наступило! Запели птички.

Смотри, Зайка открыл глазки, встал в кроватке, оглянулся – ой, где мама? А мамы нет! Слёзки потекли у него из глаз, видишь? «МАМА!» – зовёт Зайка.

Смотри, собачка здесь, и кошечка, даже птичка подлетела поближе – все удивляются, кто так горько плачет.

Но ты-то его понимаешь? Не плачь, Зайка! Смотри, да вот она идёт! «Доброе утро, сыночек», – мама обняла и поцеловала ушастика.

Давай и мы скажем всем: «Доброе утро!»

Мама улыбнулась, и Зайка сейчас улыбнётся ей в ответ.

Хороший день надо начинать с улыбки! Поищите вместе на большой картинке справа предметы с верхней картинки.

Ой, погляди-ка – Зайка залез в ванну и даже не снял штанишки! Открыл кран. Водичка льётся. Брызги летят во все стороны! А мама сердится, видишь?

Одежда мокрая, на полу лужа, придётся всё убирать, сушить и вытирать ушастика полотенцем. Конечно, купаться хорошо, но одежду надо снимать! Давай скажем: «Ай-ай-ай!»

Расскажите, что купаются вечером, а утром – умываются.

Умываться лучше с мылом? Где оно, найди! И, кажется, что-то ещё надо с утра чистить, вот только я забыл(а), что, как ты думаешь? Вспомните, как всё происходит.

Сейчас пойдём в ванную, и ты покажешь мне, что у нас где лежит, хорошо? Найдите мыло, щётку, пасту, полотенце.

Зайка завтракает. Мама помогает Зайке, кормит его. Но уже скоро ушастик и сам сможет кушать. Смотри, как ловко он умеет держать ложку. Только всё время отвлекается: на столе столько всего интересного, да и друзья рядом.

ГАВ-ГАВ! Кто это? Кому Зайка даёт кусочек хлеба? Правильно, собачке. А где кошечка? Как она мяукает?

А ты ешь сам? Правда ведь, каша вкусная, вон как широко открывает Зайка рот! Покажи, как! Молодец, широко!

Давай посмотрим, что ещё лежит на столе. Где кружка? Да, вот она – эта для Зайки, а эта для мамы. Они будут пить чай. А это что? Ищите и называйте (здесь и далее) на иллюстрации справа предметы с верхней картинки.

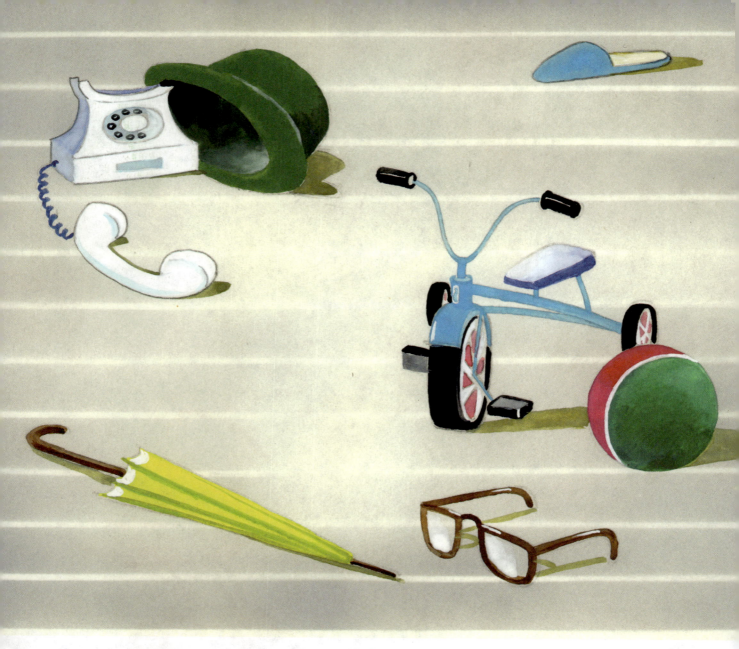

Куда это собрался Зайкин папа? Надел ботинки, пиджак, галстук, взял портфель.

Зайка не хочет отпускать папу. «Папа, не уходи, давай поиграем!» – просит он. «Не могу, сыночек, мне надо на работу, меня там ждут. Вот только куда подевались мои очки, ты не видел?»

Зайка улыбается, как ты думаешь, почему?
Поговорите о том, что папа делает на работе.

Малыш, отдай папе очки, он вернётся вечером и обязательно с тобой поиграет, так ведь? Поцелуй папу и скажи: «Возвращайся скорее, мы тебя ждём!»

Давай посмотрим, что папа не взял с собой... перечислите...

Как же здорово гулять на улице!

Особенно летом! Смотри, сколько ромашек красивых. Видишь? С жёлтой сердцевиной, с белыми лепесточками.

Сможешь найти все ромашки?

А где наш Зайка? Вот он – что-то рассматривает. Что его заинтересовало, может, цветочек, а может, и пчёлка, да? Летает, полосатенькая, от цветка к цветку, жужжит – ЖЖЖ-ЖЖЖ. Пожужжите вместе. А ещё кого мы видим?

Вот жук, вот божья коровка, а где бабочка, покажи мне!

Правда, она как цветочек? Яркая, крылышками машет!

Помаши и ты! Здорово у тебя получается!

Напомни, а как пчёлка жужжит?

Играть в мяч весело! Но посмотри! Зайка побежал за мячом и – БУХ! Что случилось? Да, упал наш ушастик...

Ты падал? Тебе было больно? Даже плакал? Бедненький мой. Погладьте ребёнка по головке.

Давай скажем: «Не плачь, Зайка, вставай, смотри, как за тебя переживают твои друзья! Вот... Мишка с панамкой на голове, вот... Лисёнок с сумочкой, видишь? А это кто такой – в иголках? Да это же Ёжик – ни головы, ни ножек! Как ты думаешь, почему так говорят?

Вспомните, когда ёж превращается в колючий шар.

Найди на картинке сумочку. Правильно, молодец, ты очень внимательный! Может, тоже поиграем в мячик?

Вот кончился день. Он был дли-и-инный.

Зайка и гулял, и играл, и кушал, и купался на ночь, и лёг в кроватку. Устал. За окном стемнело, а мама выключила свет в комнате. Почему? Да, потому что Зайка уснул.

Мама рассказала ему сказку на ночь, поцеловала и пожелала: «Спокойной ночи, мой хороший! Сладких тебе снов!»

Смотри, и собачка спать легла. Только кошечка не спит. Давай скажем: «Кошечка, ложись спать! Ты тоже устала!»

Хочешь, я расскажу тебе сказку на ночь?

Когда Зайка проснётся, он не будет плакать, потому что мама рядом. Всегда рядом! И очень любит своего Зайку!

Обнимите и поцелуйте своего ребёнка.

ИСТОРИЯ

о том, как Зайка играл с солнышком в прятки, потерялся и горько плакал, а потом нашёлся и плясал от радости

Жил-был Зайка.
Вечером спать ложился,
а по утрам вставал.
Как встанет, к окну подойдёт,
солнышко увидит, улыбнётся...
Покажи, где оно?
Вот оно! Большое, тёплое, жёлтое!
Обратите внимание на стульчик, поговорите о том,
что может случиться, если не быть осторожным.

– Здравствуй, Солнышко! –
скажет Зайка.
– Доброе утро, Зайка, –
ответит Солнышко. –
Выходи на улицу играть!

Переспросите с удивлением: На улицу? Играть?
Обратитесь к ребёнку:
Ты любишь играть на улице?
Вот и Зайка любит!
Давай подойдём к окну
и посмотрим,
какая там погода.

Подойдите к окну, обсудите, что бы вы сейчас
надели и всё ли необходимое сделали после сна,
чтобы идти гулять...
Обращайте внимание на то, в каком настроении
просыпается ребёнок. Утро даёт настрой всему дню.
Постарайтесь, чтобы он был положительным.
Скажите вместе всем доброе утро, поцелуйтесь,
спросите, крепок ли был сон и что вам приснилось.
Пройдёт 5 минут, и он, если его
не проговорить, забудется.
А вдруг там было что-то интересное?

Оделся Зайка, вышел во двор.
Вдохнул чистый воздух. Вздохните.
Оглянулся. Оглянитесь.
И решил поиграть... Изобразите задумчивость.
Вот только я забыл(а),
во что он решил поиграть.
Вспомните ваши любимые игры.
Как дойдёте до пряток, продолжайте чтение.
Прятки! Да, как я мог(ла) забыть!
– Давай поиграем в прятки, –
предложил Зайка Солнышку.
И куда он спрятался? Смотри, под ёлку залез, присел и ушками голову накрыл. Не найдёте, сколько ни ищите! А куда бы спрятался ты?
Подумайте над тайными местами при игре в прятки.
Искало-искало Солнышко – нашло Зайку.
А потом за тучку скрылось, и уже Зайка его искал. Потом снова Зайка прятался, потом Солнышко.
Так целый день и играли друзья,
пока мама ужинать не позвала.
А когда мама зовёт,
надо обязательно идти,
а не то случится беда!

Но Зайка маму не услышал.
Или не захотел услышать.
«Что я всё время дома кушаю? Не хочу!
Пойду к Солнышку домой. Пусть оно меня
чем-нибудь вкусненьким накормит!»

Набрал ушастик кленовых листьев –
венок красивый сделал. Цветочек сорвал...
покажи, где... и пошёл в гости.
Как ты думаешь, зачем он сорвал цветок?
Обсудите, хороший ли это подарок.

Бедная мама! Поцокайте языком.
Ей-то Зайка ничего не сказал! Ни-че-го!

Когда мама увидела, что Зайки нет,
она стала его искать... И под ёлочкой смотрела,
и за крыльцом, и даже под скамейкой.
Нигде нет! Покачайте головой.

Как же она заплакала! Горько-горько!
– Где мой сынок?
Где мой Зайка?

Но Зайка этого не видел.
Он бы тогда точно
вернулся, ведь так?

А Зайка всё шёл и шёл... Солнышко опускалось всё ниже и ниже... А он шёл, а оно – опускалось... И тут кончился лес и Зайка оказался на берегу озера! Было тихо и удивительно красиво. Стая больших белых птиц пролетела у него над головой. Лебеди! Ты видел таких птиц? Они помахали Зайке крыльями, а Зайка им лапкой. Покажи как! Да.

К этому времени от Солнышка остался лишь маленький кусочек. Малюсенькая такая часть. Покажите руками, как мало там было от БОЛЬШОГО солнца.

Зайка стоял и смотрел, как от Солнышка к нему прямо по воде прощальным взмахом протянулась сверкающая дорожка из лучей. Она становилась всё меньше и уже... пока не исчезла совсем. Солнце пропало, птицы улетели... а Зайка остался! Один на пустом берегу! Стало темнеть и холодать! Нестерпимо захотелось домой! К маме, к папе, попить сладкого чая и лечь в тёплую кроватку... Но всё это было далеко, ОЧЕНЬ далеко!

Обсудите, что бы стоило предпринять Зайке в такой ситуации. Вспомните, случалось ли с вами такое – в детстве или уже во взрослой жизни. Что вы чувствовали и чем всё закончилось.

Дальше будем слушать?

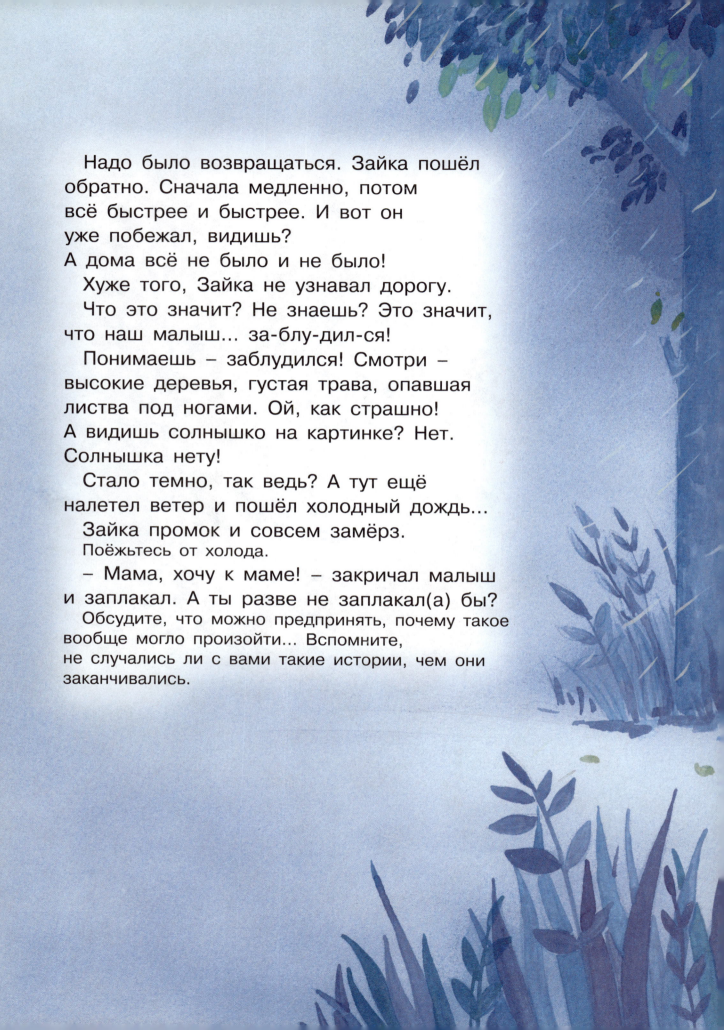

Надо было возвращаться. Зайка пошёл обратно. Сначала медленно, потом всё быстрее и быстрее. И вот он уже побежал, видишь?

А дома всё не было и не было!

Хуже того, Зайка не узнавал дорогу.

Что это значит? Не знаешь? Это значит, что наш малыш... за-блу-дил-ся!

Понимаешь – заблудился! Смотри – высокие деревья, густая трава, опавшая листва под ногами. Ой, как страшно! А видишь солнышко на картинке? Нет. Солнышка нету!

Стало темно, так ведь? А тут ещё налетел ветер и пошёл холодный дождь...

Зайка промок и совсем замёрз.

Поёжьтесь от холода.

– Мама, хочу к маме! – закричал малыш и заплакал. А ты разве не заплакал(а) бы?

Обсудите, что можно предпринять, почему такое вообще могло произойти... Вспомните, не случались ли с вами такие истории, чем они заканчивались.

Но всё плохое когда-нибудь кончается!

Кончился страшный большой лес, кончился дождь, кончились силы у Зайки. Он так ослаб от бега и слёз. И тут вдруг! Он увидел! Волка? Нет, не волка! А кого же он увидел? Дождитесь ответа. Ему навстречу шла тётя Белка. Вздохните с облегчением. Не Волк и не Медведь, а тётя Белка! Вот удача!

– Что с тобой, малыш? – ласково спросила она. – Почему ты плачешь?

– Я потерялся, я заблудился, я хочу домой, к маме и папе!

– Бедный-бедный Зайка! Покачайте головой. Я обязательно отведу тебя. А где ты живёшь, какой у тебя адрес?
– Зайка не знал. –Как зовут твою маму?

– Мама, – сказал Зайка.

– Нет, Мама – это не имя. Ничего-то ты не знаешь. Ну хорошо, как-нибудь разберёмся.

И Зайка достал платочек, чтобы вытереть слёзы. На землю упала какая-то бумажка. О счастье! Оказалось, что это мама вложила в кармашек Зайки записку с адресом дома. Какая мама умница, ведь правда? Если б не эта записка, пришлось бы тёте Белке обойти всех зайцев леса. А их нууу ОООЧЕНЬ много! Представляешь, сколько в лесу зайцев?

Обсудите, кого в лесу много, кого мало, а кого и вообще нет!

Вот Зайка и нашёлся! Мама рада, тётя Белка рада! А ты рад?
Зайка даже на радостях пустился в пляс. Ля-ля-ля! Ля-ля-ля! Видишь, как танцует?
Ты так можешь? Покажи! Представляешь, а папа ещё ничего не знает. Он побежал искать Зайку. Уже целый вечер опрашивает соседей, не видел ли кто его сыночка?
Сам ходил ко всем знакомым и родственникам – к бабушке и дедушке (не появлялся ли внучек?), обошёл все ближние и дальние опушки и даже ходил на озеро!
На то, на котором был Зайка! Но по другой дороге!
И так бывает! Пойдём скажем папе, что Зайка нашёлся!

Пойдите вместе с ребёнком и сообщите эту новость своему папе: «Папа, представляешь, а Зайка-то нашёлся!»

В свободной беседе поговорите, что знает ваш малыш о ФИО родителей, адресе, знает ли он дорогу домой, и знает ли, к кому обращаться, если потеряется.
Поговорите о записке с адресом и телефоном.
Договоритесь, чтобы она всегда была с ним.
Обсудите куда её положить, в какой карман...

ИСТОРИЯ

о том, как Зайка простудился, заболел, а мама с папой волновались, но потом он выздоровел и делал с папой зарядку

Зайка был очень рад, что вернулся домой к маме, и теперь никуда не убегает без спроса. А что сейчас Зайка делает? Да, Зайка сел завтракать. Посмотри, какая у Зайки красивая чашечка. Мама налила в неё сок. А какие вкусные ягоды на столе! Как они называются? И морковный пирог мама положила Зайке на тарелочку. Ты бы, наверное, сразу всё проглотил. А Зайка от еды отворачивается. Скажи, Зайка весёлый или грустный? Печалится Зайка, не хочет есть. Мама забеспокоилась: «Что с тобой, Зайка?»

Пошёл Зайка в свою комнату. Расскажи, какие у него игрушки? (Слоник, пирамидка, Петрушка, юла, кубики...) Не любит сегодня Зайка игрушки, тянет его к подушке. Вон, головкой на неё прилёг.

Игрушки на Зайку обиделись. Посмотри, слоник чуть не плачет. И Петрушка расстроился. Почему, как ты думаешь? А Зайке жарко и спать хочется. «Бедный я, – думает Зайка, – никто меня не жалеет. Вот буду всё время плакать, тогда узнаете». Пришла мама, села рядом, спрашивает: «Почему ты, Заинька, с игрушками поссорился?»
А Зайка и маме не отвечает. Неужели он такой невежливый? Нет, конечно. Мама положила ладонь Зайке на лоб, а лоб горячий.
Что же с Зайкой случилось?

Как ты понял, что Зайка заболел? Уложила мама Зайку в постель. Беспокоится мама о Зайке. Смотри, какую она приготовила ему уютную постельку: подушка мягкая, одеяльце красивое, разноцветное. Мама Зайке и компресс на лоб положила, чтобы головка меньше болела. Села она около Зайкиной кроватки, посадила на колени Петрушку, поставила Зайке градусник под мышку. Наверное, у Зайки температура. Ты видишь градусник? Петрушка ждёт терпеливо, какая же температура у Зайки. Грустно ему без друга. Скажи, Зайка чувствует себя хорошо или плохо?

Если ребёнок болел, пусть вспомнит, как он себя чувствовал. Напомните ему, что он быстро выздоровел и стал чувствовать себя очень хорошо.

Пришёл к Зайке... кто? Ну конечно, добрый доктор. Петрушка и мама ему позвонили, рассказали, что Зайка заболел. Собрал доктор свой чемоданчик – и сразу к Зайке. Зайка знает доктора – посмотри, как обрадовался. Доктор добрый, весёлый. Зайка знает, что доктор его вылечит. И мама довольна, что доктор пришёл.

Поговорите с ребёнком, во что врач одет, что у него в руках, как он осматривает больного, зачем выписывает рецепты и т. д.

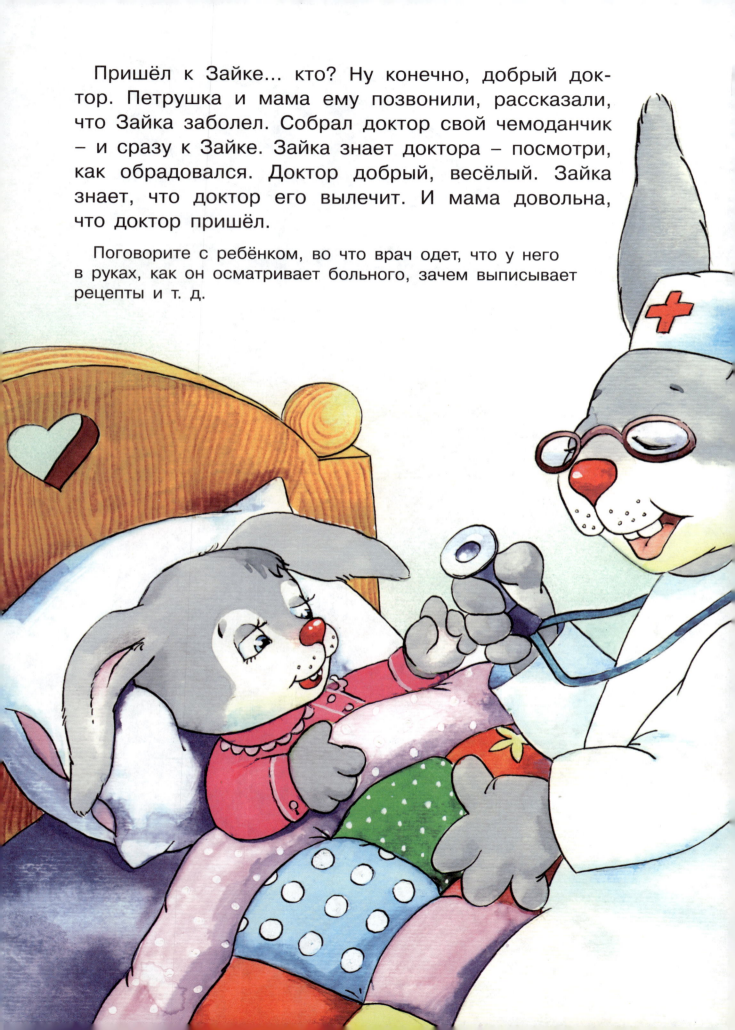

Выбежала из норки мышка-норушка. Где она, покажи? Спрашивает мышка: «Зайка, Зайка, что тебе в ложечке дают?» Что Зайка мышке ответил? Мышка говорит: «Я по полю бежала, бежала, под дождик попала. Вымокла вся и простудилась. Тоже в постельке лежала, мне мама лекарство давала. Я лекарство выпила и выздоровела. Пей лекарство, Зайка, не бойся. Будешь, как и я, здоров».

Это так папа с Зайкой играет. Папа сынка очень любит. А ты слушаешься, когда тебе дают лекарство? Зайка сейчас быстро его выпьет, ни капельки не прольёт.

Зайке и впрямь помогло лекарство, правда? Как ты это узнал? Зайка уже не лежит. Где он сидит? Почему он в кроватке? Правильно, он ещё не совсем выздоровел. Мама не разрешает ему вставать. Но Зайка не огорчается. Что он делает? А ты любишь разговаривать по телефону? Кому ты чаще всего звонишь? Скоро Зайка поправится. Игрушки рады. Кто рядом с Зайкой на кроватке? Скажи, почему Петрушка грустный?

Пусть ребёнок не согласится с вами и сам расскажет, где кто в книжке весёлый, а кто грустный.

Вот Зайка и здоров. Он больше не лежит в кроватке, а сразу встаёт утром. А чем это занимаются папа и Зайка? Во что одет Зайка и почему? Кто в окно заглядывает? Папа сказал Зайке: «Чтобы всегда быть здоровым, нужно закаляться и делать зарядку». Ты ведь тоже умеешь делать упражнения, да?

ИСТОРИЯ о том, как у Зайки был серый хвостик, а потом стал белый, и как Зайка подружился с кем-то в зелёном платьице

Вот Зайка. А вот папа! Интересно, что он делает? Видишь у него в руке лопата, а рядом маа-аленькая ёлочка!

Папа принёс ёлочку из леса и посадил во дворе – пусть растёт, Зайку радует. Ушастик удивляется – разве уже можно дерево сажать?

Конечно! Ведь растаял снежок, ожил лужок, день прибывает...

Когда это бывает? Весной!

Да, на дворе весна красна – самое лучшее время для посадки цветов, кустов, деревьев. Снег растаял, холода ушли, травка зазеленела, так ведь?

Видишь беленькие цветочки на ветках?

А тюльпан у Зайки в лапах?

Это первые весенние цветы.

Солнце печёт, липа цветёт, рожь поспевает... Когда это бывает? Правильно, летом! Это самое жаркое время года. Что мы с тобой делали летом? В лес ходили? Ходили. Купались? Поспрашивайте ребёнка ещё. Давай и лету скажем: «Спасибо, лето, тебе за это!»

Вот, посмотри! Зайка за бабочками набегался, а теперь на травку прилёг и разглядывает свою ёлочку. Ты заметил, она чуть подросла, видишь? Новые иголочки появились на веточках. Они ещё совсем не колкие – светло-зелёные и мягкие, как листочки.

Всё когда-нибудь кончается. И лето тоже. Пусты поля, мокнет земля, дождь поливает... Когда это бывает, ты знаешь? Да, мой дорогой, после лета наступает осень. Дни становятся короче. Чаще дует холодный ветер, солнце закрыто тучами, идут дожди.

Смотри, видишь капельки воды на стекле? Зайка не гуляет. Он сидит дома и смотрит на ёлочку – как она там, не скучает ли? Грустно осенью? Грустно.

Но может, и в ней есть что-то хорошее? Поговорите об осенней красоте леса, о букетах из листьев, о созревших дарах природы, о желудях и шишках, из которых получаются такие замечательные поделки.

Вот сколько мы вспомнили, молодцы!

Давай скажем: «Спасибо тебе, осень!»

Становилось всё холоднее и холоднее.

Деревья сбросили почти все листочки, стоят тихо, покачивают голыми ветками.

Птицы улетели в тёплые края, медведь залёг в берлогу, а ежи и ужи, представляешь, закопались в листву, забились в норы.

Расскажите о том, как готовятся к зимовке белка, полевые мыши, чем заняты люди и как готовится к зиме ваша семья.

Вот ведь чудо! Птички улетели, листочки осыпались, а ёлочка как была зелёная, так и осталась. Стоит под дождём, как ни в чём не бывало! И только расти продолжает. Молодец она, да?

И ты у меня растёшь, как ёлочка. И весной, и летом, и осенью! Значит, и ты молодец!

А иголочки у тебя есть? А листочки?

Мама сказала, что Зайка к зиме поменяет свою шубку. Серую на белую.

Ушастик каждый день стал смотреть на себя в зеркало. И вот однажды с утра его хвостик побелел, видишь? «Ура! – закричал Зайка. – Мама, мама, у меня новая шуба! Белая-белая!»

– Не только у тебя, – сказала мама. – Выгляни в окно!

Выглянул Зайка, а там... снег на полях, лёд на реках, вьюга гуляет...

Когда это бывает? Правильно, зимой!

Зима наступила. Землю укрыло снежное одеяло, а люди закутались в шубы.

Самое время и нашей ёлочке принарядиться.

Ведь скоро праздник.

Ты, наверное, догадываешься, какой?

Вот и наступил самый лучший праздник – Новый Год! Ля-ля-ля! Покрутите головой и кистями рук. Какая ёлочка нарядная стоит!

Это Зайка постарался – повесил шары, покажи... колокольчики, а теперь вешает бусы. Ой, а сам-то Зайка – совсем белый! Поговорите о том, что зайца почти не видно зимой на снегу и зачем это ему нужно.

Давай ещё на шапочку посмотрим. Какая она у него смешная, с вырезами для ушей! Шарф в зелёную полосочку.

Чем-то мне этот цвет напоминает цвет ёлочки, так ведь?

Погоди, а ёлочка-то стала больше Зайки! Вот так выросла! И когда только успела. Хотя нет, мы же помним: весной её посадили, да? Летом росла, да? Осенью росла, да? И зимой росла! Вот и выросла!

Ты только посмотри! Сколько гостей пришло! И Мишка, и Ёжик, и Белочка.

Все взялись за руки и водят хороводы вокруг нашей зелёной красавицы! И песенку, скорее всего, поют, да? Какую же, ты случайно не знаешь? Конечно, новогоднюю!

Мы сейчас с тобой её вместе вспомним.

Попойте вместе, покружитесь, взявшись за руки...

В лесу родилась ёлочка,
В лесу она росла.
Зимой и летом стройная,
Зелёная была.
Метель ей пела песенку:
«Спи, ёлочка, бай-бай».
Мороз снежком укутывал:
«Смотри, не замерзай!»
Теперь она нарядная
На праздник к нам пришла
И много, много радости
Детишкам принесла...

Вот как весело зверятам! Снег, огни, игрушки, подарки... красота!

Поговорите о Деде Морозе и Снегурочке. Обсудите подарки, которые хотелось бы получить на Новый год.

ЕЩЁ ПРО ЗАЙКУ

Тексты для ребенка читает взрослый.

История, в которой рассказывается о новых друзьях Зайки, о корове, которая принесла молока, и о том, какие вкусные фрукты и овощи растут на даче

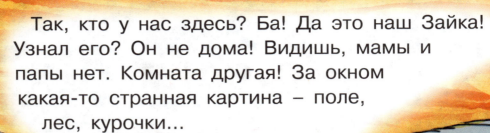

Так, кто у нас здесь? Ба! Да это наш Зайка! Узнал его? Он не дома! Видишь, мамы и папы нет. Комната другая! За окном какая-то странная картина – поле, лес, курочки...

А рядом, ты только посмотри, кто же это перед ним стоит? И где же это он?

Зайка на даче. Это его бабушка и дедушка. Угощают внучка. Они так рады, что Зайка приехал. Соскучились. Сразу за стол усадили, с дороги! Чай налили. Вот сколько всего вкусненького выставили.

Давай перечислим, что стоит на столе. Чашка есть? Есть, где она, покажи! Пирог есть? Арбуз есть?

Обсудите или расскажите про самовар, про то, какой он горячий и что всегда необходимо быть осторожным с горячими предметами – чайником, плитой, печкой и т.д. Скажите Зайке: «Осторожно! Горячо! Не обожгись!» Погрозите пальчиком!

Сидит Зайка за столом, чаёк попивает, на самовар смотрит! Вдруг видит – какая-то страшная голова с рогами в окно заглянула! Испугался ушастый:
– Кто ты? – спрашивает.
– Я корова! Муу-уууу! Молока дать могуууууу! Комууу? Комууу?

Вспомните, как выглядит корова, чем питается, чем нас ещё угощает. Видели ли вы её сами? Если видели, то когда и где? Поговорите, кого ещё сможет Зайка повстречать на даче у бабушки и дедушки.

– Не бойся, малыш, это наша Бурёнка! Она нам молока принесла! Парного! Тёплого! Деревенского! – говорит бабушка.

– Попробуй молочка-то!

Зайка попробовал. Изобразите процесс. Понравилось ему молочко коровье.

– Спасибо тебе, Мууу! Так вкусно!

К вечеру устал Зайка. Раскапризничался. Хныкать стал. Ты хныкать умеешь? Покажи, как ты это делаешь! О как, оказывается! А всё потому, что к маме захотел, соскучился.

– Не плачь, Зайка! – говорит бабушка. – Давай-ка положу тебя в тёплую постельку и расскажу сказочку.

Но Зайка в постель не захотел. Тогда бабушка взяла его на ручки и стала укачивать, напевая колыбельную (напевайте эту или свою песенку, укачивая ребёнка на руках).

– Спи, зайчонок мой ушастый, заю-заюшки, заю. Не спит мишка, кошка спит, а я песенку пою... заю-зай, заю-зай, поскорее засыпай!

Заснул Зайка, глазки закрыл и заснул!

Может и нам спать пора? Или почитаем, что дальше было?

Попросите малыша рассказать, где Зайка, что он делает, что делает бабушка (поёт колыбельную). Обсудите с малышом, утро или вечер за окном (за окном темно, видны месяц и звёзды), почему заплакал Зайка (соскучился по маме), вспомните вместе вашу колыбельную песенку.

(Говорите тихо, вкрадчиво.) Дальше ночь была. Тёмная! Тихая! (Пробуждайтесь голосом.) Потом петушок прокукарекал, и утро настало! Светлое! Громкое! Как петушок кукарекает, знаешь? (Покукарекайте вместе, похлопайте «крыльями».)

Вышел Зайка на двор. А там... Давай подумаем, кого же он там увидел... Петушка, Ку-ка-ре-ку, увидел? Да, вот он. Курочек, Ко-ко-ко, увидел? (На картинке их нет.) Гуся, Га-га-га, увидел? Да, вот он. Собачку, Гав-гав, увидел? Да.

Ой-ой-ой! Смотри, гусь-то! Как на Зайку зашипит – шшшшшш! Как загогочет! Зайка так испугался, что даже заплакал.

Хорошо, что Петушок и Собачка его в обиду не дали – отогнали гуся.

– Уходи, Гусь! Зайка к дедушке и к бабушке в гости приехал!

Спросите малыша, кто на картинке ему больше всех понравился. Пусть он расскажет, как «разговаривают» животные на картинке. Поговорите о том, с кем познакомился Зайка, кто его обидел, а кто защитил.

Пришёл ушастик в огород. Там бабушка работала. Он ей помог. Она грядки полола, сорняки убирала, а Зайка всё поливал из лейки – морковку, капусту, лук, помидоры…

Они с бабушкой их целую корзину набрали, чтобы щи сварить. Они так и называются – ОВОЩИ. В щи потому что положить можно – вкусно будет!

А ты щи любишь, тебе мама их готовила?

Поговорите о назначении садовых инструментов, вспомните свои истории про огород и овощи… Посмотрите, что из них есть у вас в холодильнике. Помните, что дети любят вам помогать. Давайте им посильную работу дома и на даче. В игре проделывайте все эти действия пантомимой с воображаемыми предметами – детям очень нравятся такие «занятия» – капустку «порубить», макароны «сварить», на стол «накрыть», гостей чайком «угостить» со всеми подробностями чайной церемонии – кипяток, заварка, ложки-чашки расставляем, всем наливаем, сахар, конфеты, пряники, дуем, пробуем, кричим «ой, горячо!»

Бабушке помог. Молодец!
Она пошла щи варить, а Зайка деда искать.
Ходил-ходил, искал-искал дедушку...
Как ты думаешь, нашёл он его? Да нашёл, вот он! Видишь, в саду около дерева стоит
и на ветки показывает. А что это он Зайке дал? Морковку? Нет, не морковку! Капусту? Не-е-ет! А что же? Яблоко ему дедуля с яблони сорвал – красное, сладкое, сочное!
Яблоки в саду растут, не в огороде.
Это фрукт. Там ещё вот какие фрукты растут,
я буду называть, а ты показывай – груши... сливы... малина... смородина... картошка... Нет? Картошка не в саду растёт? Конечно, она в огороде – это ж овощ, а не фрукт!

Вспомните и поговорите о работах в саду. Поговорите о ягодах, какие из них растут на кустах, а какие – на грядке. Уточните вкусы вашего ребёнка, расскажите ему о своих фруктовых предпочтениях.

К вечеру дед позвал Зайку на речку.

Взяли удочки, накопали червяков...

Как ты думаешь, что они собрались делать, купаться?

Поговорите недолго на тему ловли рыбы.

Сели они в лодку. Зайка на носу лодки пристроился, а дед на вёслах гребёт. Продемонстрируйте, как грёб дед, научите «грести» ребёнка. Отплыли от берега. Закинул дед удочку, сидит, на поплавок смотрит, рыбу ждёт. А время идёт – нет рыбы! Заскучал наш Зайка, попробовал лапкой цветок достать и... бултых в воду!!! Барахтается, вот-вот воды нахлебается.

Хорошо, что дед не растерялся – хвать его за уши и втащил на лодку. Вот так рыбалка!

Поговорите об этом, о том, будет ли ребёнок учиться плавать.

Ох, сколько же всего интересного на даче приключилось.

А мы поедем на дачу?

Будильник громко зазвенел, Зайка проснулся и посмотрел вокруг. За окном весело светило солнышко и пели птички. Рыбка в аквариуме поглядывала на Зайку как-то по-особенному, будто хотела ему что-то сказать. Но, конечно, рыбка не произнесла ни звука: ведь рыбы не умеют говорить! «И мама почему-то задерживается... Обычно она сразу целует меня, когда я просыпаюсь. Что такое?» – подумал Зайка.

Задание: попросите ребёнка показать на картинке рыбку, будильник, солнышко, Зайкины игрушки. Обратите внимание малыша на то, какая чистота и порядок в детской комнате с утра: все вещи лежат на своих местах.

Вдруг дверь в Зайкину комнату распахнулась и на пороге появились родители. Папа катил новый велосипед.

– Какой чудесный велосипед! Я именно такой велосипед видел в магазине – он мне так понравился тогда! – радостно закричал Зайка.

А мама внесла на блюде большой торт. Он выглядел просто великолепно. Зайка сразу заметил на торте три горящие свечки. «Интересно, что это за украшение? – подумал Зайка. – А торт не может сгореть?»

Задание: объясните ребёнку (если он ещё не знает), зачем торт украсили свечами. Помогите ему пересчитать свечи и узнать, сколько лет исполнилось Зайке сегодня. Вместе вспомните, как называется сегодняшний Зайкин праздник.

Поговорите о том, когда будет день рождения вашего малыша. Расскажите о дне рождения мамы и папы и почему вообще празднуются дни рождения. Объясните, что дарят детям, а что взрослым, какие подарки радуют мальчиков и девочек, мужчин и женщин. Пусть малыш предложит подарки для себя, мамы и папы.

Вскоре в дверь позвонили, и Зайкин дом наполнился друзьями. К нему на день рождения пришли Собачка, Кошечка и Медвежонок. Зайка их очень ждал и очень им обрадовался. Медвежонок подарил нашему Зайке игрушечного зайца. Игрушечный заяц был мягкий, хорошенький и чем-то походил на Зайку. А что принесла Кошечка в красивой подарочной коробке, как ты думаешь?

Задание: ещё раз вместе вспомните, что обычно дарят детям, и помогите вашему малышу угадать, какие подарки могут быть спрятаны в этой красивой коробке.

Объясните, почему в картонную коробку можно положить маленькие и средние по размеру предметы, а нельзя – большие и тяжёлые.

Надо всегда благодарить родственников и друзей за подарки и обязательно тоже дарить им подарки на их день рождения. Какой подарок ваш малыш вручил бы родителям и друзьям Зайки? Напомните малышу, какие подарки можно дарить только взрослым, какие – только детям, а какие вещи (например, носовые платки, ножи) не принято дарить никому.

Сколько весёлых игр можно придумать, когда много детей собираются вместе! Зайка решил сыграть с друзьями в прятки. Он отвернулся и начал громко считать: «Раз, два, три, четыре, пять – я иду искать!» Гости спрятались и затаили дыхание. Интересно, сумеет ли Зайка их найти?

Задание: поиграйте с ребёнком в прятки, подскажите ему, где можно спрятаться в его комнате, выучите вместе с ним текст детской считалочки. Маленькие дети ещё не умеют играть в прятки по взрослым правилам, часто они просто закрывают лицо руками или зажмуривают глаза – и считают, что их уже «не видно». Постепенно приучайте малыша играть «по-настоящему» – тогда эта игра получится и на детском празднике.

Считалки для Зайки

*

Раз, два, три, четыре, пять,
Мы собрались поиграть.
К нам ворона прилетела
И тебе водить велела!

*

Дождь прошёл,
Я гриб нашёл.
Буду варить,
А тебе водить!

День рождения закончился. Гости выпили чай с тортом, попрощались и разошлись по домам. А что же делает Зайка? Он сам убирает свою комнату: расставляет игрушки по местам. Зайка действительно стал старше: он научился убирать за собой игрушки, класть на место вещи. Мама и папа не могут нарадоваться на своего малыша: какой он теперь взрослый и самостоятельный!

И неважно, что среди игрушек оказался башмак – Зайка просто задумался и случайно поставил его на полку с игрушками. Сейчас он исправится и отнесёт башмак на место.

Задание: поговорите с ребёнком о том, что после дня рождения в квартире надо наводить порядок. Папа расставляет по местам мебель, мама моет посуду, а дети убирают игрушки. Так порядок наводится очень быстро и ещё остается время на то, чтобы почитать перед сном любимую детскую книжку.

История о том, как Зайка первый раз пришёл в цирк, где его встретил клоун-фотограф, на сцене акробаты показывали чудеса, а обезьянка учила Зайку фокусам

Однажды папа посадил Зайку к себе на колени и сказал:
– Знаешь, милый, сегодня мы с тобой пойдём в цирк.

Зайка растерялся: он не знал, что такое цирк. А ты знаешь, что это такое? Если знаешь, то подскажи Зайке, что такое цирк и зачем туда ходят маленькие детишки со своими мамами и папами. А если не знаешь, то внимательно смотри и слушай. Будем слушать?

Чтобы попасть в цирк, надо заранее купить билеты в кассе цирка. Папа-заяц уже купил билеты для своей семьи. Маленький Зайка держит свой билет в лапке. А где папин билет? Помоги отыскать его.

Зайка пойдёт в цирк сегодня. Посмотри, какое на календаре число. Правильно, сегодня четвёртое (название месяца). Представление начнётся сегодня в семь часов. На часах уже почти четыре. Как ты думаешь, Зайка не опоздает в цирк?

Конечно, маленький ребёнок ещё не может узнавать время и запомнить названия месяцев.

До него важно донести мысль, что число мы узнаём по календарю, а время – по часам.

Детям старше 3 лет можно предложить самостоятельно определить, когда Зайка пойдёт в цирк. Обязательно закрепите правильное употребление слов «сегодня», «завтра», «вчера». Например: «Если вчера было первое число, то сегодня второе, а завтра будет – третье».

Вот Зайка и в цирке. Папа привёл его сюда впервые. Перед началом представления надо сдать верхнюю одежду в гардероб. Гардероб – это место, куда все зрители сдают свои пальто, плащи, куртки. Там много вешалок, чтобы хватило места для всей верхней одежды. Покажи мне, где на этом рисунке вешалка. Обрати внимание, на каждом крючке сверху приделан номерок. Такой же номерок снимают с крючка и отдают тому, кто вешает на эту вешалку свою одежду. Скажи мне, пожалуйста, сколько номерков получил папа? Какие это номера? А почему у маленького Зайки нет своего номера?

Поговорите о том, что номерки от одежды обычно оставляют у взрослых, малыши могут их легко потерять. Объясните, что может случиться с одеждой, если потеряется номерок. Обратите внимание ребёнка, что в каждом гардеробе есть зеркало, перед которым следует причесаться и поправить одежду перед тем, как идти в зал.

И вот Зайка направляется к входу в зал, где и будет цирковое представление. По пути его встречают артисты цирка. Видишь, и нашего малыша кто-то встречает. Ты знаешь, как зовут этого артиста в смешной шляпке и огромных ботинках? (Клоун). Посмотри внимательно: что висит у клоуна на шее? Зачем клоуну фотоаппарат, кого он будет фотографировать? А кто ещё выглядывает у него из-за спины? (Обезьяна и змея). Клоун весело зовёт Зайку: «Иди сюда. Давай я тебя сфотографирую. Только быстрее! А то скоро начнётся представление!»

Расскажите малышу о том, что обычно перед началом представления, когда в зал ещё не пускают, можно погулять в холле цирка или на площади перед ним. Там тоже много интересного: продают конфеты и игрушки, фотографируют на память с ручными животными, катают на лошадках, надувают воздушные шарики и т.д.

Зайка входит в зал. В руках у него билет. Впервые он будет сидеть не у мамы на коленях, у него будет собственное место. Он совсем взрослый! Зайку встречает тётушка Медведица – она проверяет у всех билеты и помогает малышам рассаживаться на свои места. Посмотри внимательно на билет в руках у Зайки и скажи, где Зайка должен сесть в зале.

Пусть малыш рассмотрит билет и, если знает цифры, назовёт их, не соотнося со словами «ряд, место».

Объясните малышу, что все кресла в цирке расположены вокруг арены (арена – это круглая площадка, на которой выступают цирковые артисты): так всем лучше видно! Потренируйте ребёнка самостоятельно определять по билету своё место в зрительном зале. Для этого можно сделать специальные «билеты» из цветной бумаги. Учитывайте, что цифровой ряд нужно предъявлять в зависимости от возраста и уровня развития малыша.

Представление начинается. Сколько нового видит Зайка! Он даже немного растерялся от неожиданности. На арену сразу вышло столько артистов! Давай поможем ему всех хорошенько рассмотреть. Покажи Зайке, где слоны? Сколько их? Что они делают?
(Стучат в огромные барабаны – бум-бум-бум.)

Задайте аналогичные вопросы обо всех цирковых артистах, которые вышли на арену.
Обратите внимание ребёнка на то, какие цирковые атрибуты используют артисты: барабан с огромными палочками, булавы и флажки для жонглирования, велосипед с одним большим колесом.

Вот и закончилось это чудесное представление. Зайка прощается со своими новыми друзьями – цирковыми артистами. Жираф подарил ему на память флажок. А обезьянка на прощание показывает Зайке фокусы: она достаёт из волшебного ящика разные предметы. Посмотри: обезьяна достала оттуда пирамидку. Интересно, что там ещё есть?

Обратите внимание малыша на новые слова: фокус, фокусник, показывать фокусы. Объясните их значение и подскажите, какие фокусы он может подготовить и показать своим друзьям. Даже самый маленький ребёнок с удовольствием выучит вместе с вами фокус с «пропавшим» под платком большим пальцем (или спрятанной под мышку игрушкой). Для начала палец может загибать взрослый, а ребёнок будет только накрывать папину или мамину руку платком и произносить «волшебные» слова.

Цирк уехал, а представление продолжается. Зайка многому научился за это время. Посмотри, как ловко он жонглирует тремя шариками. Мама-зайчиха в восторге аплодирует своему маленькому артисту. Даже рыбки в аквариуме с интересом рассматривают, как быстро мелькают шарики в его лапках. Чтобы научиться этому, Зайка долго тренировался. Давай тоже поучимся подбрасывать и ловить мячики. (Ребёнок вполне может подбрасывать один мячик и ловить его, а вы будете с восторгом аплодировать.)

И вспомним, что ещё умеют делать артисты цирка. Фокусник показывает нам фокусы. Акробаты умеют кувыркаться в воздухе. Дрессировщик учит зверей выполнять смешные и забавные действия: медведи катаются на велосипеде, тигры прыгают в кольцо, слоны умеют стоять на хоботе и передних ногах.

Интересно в цирке!

Подражая Зайке, ребёнок будет учиться действовать с мячом, т. е. осваивать необходимые навыки. Помните, что вашему малышу будет интересно выполнять самое элементарное упражнение с мячиком, если он будет делать его, «как Зайка-жонглёр». Начинайте учить ребёнка приёмам жонглирования с одного мячика. В зависимости от возраста и физического развития ребёнка это задание нужно должным образом адаптировать. Малыш может прыгать, кувыркаться, висеть на перекладине, как настоящий акробат. Хвалите и поощряйте его успехи. Лучшей наградой вашему ребёнку станет посещение цирка.

История, в которой Зайка узнаёт, куда идут цыплята, и впервые приходит в детский сад, где Кисонька и Мишутка учат его новой игре в мяч

Сегодня на улице идёт дождь. Зайка грустит: на прогулку он не пойдёт. Мама сказала, что она будет готовить обед, а Зайка может полистать книжку или поиграть с игрушками. Но эту книжку Зайка знает наизусть, а одному играть тоже неинтересно! Что же делать? Может быть, посмотреть в окно?

Умеет ли ваш ребёнок наблюдать через окно за тем, что происходит на улице? Это отнюдь не праздный вопрос. Малыша надо специально учить видеть то, что происходит за стеклом. Зайкина мама в нашей книжке готовит обед, а малыш при этом предоставлен сам себе. Признайтесь, что и сами вы тоже часто так поступаете. Было бы гораздо полезнее для малыша, если бы вы научили его (в вашем присутствии, конечно) с интересом рассматривать происходящее на улице. Тогда вы сможете, находясь на кухне, комментировать ребёнку события за окном, и в зависимости от того, как ребёнок говорит, ваш монолог постепенно перейдёт в диалог с ребёнком.

Зайка на картинке листает книжку. Дети тоже любят «читать» книжки таким образом. Однако педагогические требования к этому важному занятию меняются в зависимости от возраста ребёнка. После двух лет малыш должен уметь по вашей просьбе легко находить нужную картинку в знакомой книжке. Если вы не будете уделять внимания совместному рассматриванию картинок, то «чтение» книг ещё долго останется для него просто механическим перелистыванием ярких страниц.

Ой! Как здорово, цыплята пошли гулять! И дождь им не страшен!

– Постойте, сейчас и я к вам выйду! – закричал Зайка громко-громко, чтобы цыплята его услышали. Цыплята услышали и остановились.

– Мы не гуляем, мы идём в детский сад! – сказали они Зайке с гордостью.

– А что такое «детский сад»? – удивился Зайка. – Я знаю только фруктовый сад. Там растут фрукты: яблоки, груши, сливы.

— Правильно, — вступила в разговор мама-курица. — В фруктовом саду растут фрукты, а в детском — дети.

— Их что, там поливают? — удивился Зайка. Цыплята и курица дружно рассмеялись.

— Нет-нет, — ответила курица, — чтобы дети выросли умными и самостоятельными, их не надо поливать из лейки, их надо учить и воспитывать. В детском саду с детьми занимаются воспитатели, они учат их рисовать, петь, танцевать и ещё многому другому.

— Давай ходить вместе с нами, — пригласили Зайку цыплята и поспешили в детский сад.

Зайка целый день уговаривал маму отвести его в детский сад. И мама согласилась!

– Только перед этим, – сказала она Зайке, – надо будет сходить в поликлинику и взять у доктора справку о том, что ты здоров.

Зайка с удовольствием отправился в детскую поликлинику. Там он взвесился на весах, измерил свой рост и температуру, сдал все анализы, показал врачу горло, дал себя послушать. И, наконец, врач сказал: «Ты здоров. Вот тебе справка. Можешь идти в детский сад!»

Наш Зайка ходит в поликлинику с удовольствием. А насколько любит это занятие ваш ребёнок? Очень часто у детей уже на втором году жизни сформировано стойкое негативное отношение к белым халатам. Связано это с тем, что особенности детской памяти позволяют ребёнку запомнить только яркое, эмоционально окрашенное событие. При этом «цвет» эмоции значения не имеет. Если из всего визита в поликлинику малыш запомнил только укол или прививку, то второй раз он пойдёт туда с большой неохотой. Сейчас во многих детских поликлиниках открыты специализированные киоски по продаже детского питания, детские кафе, бассейны для плавания, игровые комнаты. Только от взрослых зависит, что останется в памяти у ребёнка после посещения поликлиники.

ПРОГУЛКА

Сегодня мама впервые привела Зайку в детский сад. В первый день они пришли не с самого утра, к завтраку, а немного позже, поэтому Зайка сразу пошёл на прогулку. Мама поцеловала его и обещала вернуться за ним сразу после дневного сна. Мама ушла, и Зайка впервые остался один, без мамы. Сначала он очень стеснялся и не знал, как подойти к другим зверятам.

Он думал, что в детском саду будут только его друзья – цыплята, а оказалось, что вокруг так много других малышей! И он никого не знает! Что же делать? Зайка немножко испугался. Но воспитательница Белка ласково позвала его и познакомила со всеми малышами. Кисонька и Мишутка научили Зайку играть в мяч, и прогулка ему очень понравилась.

ОБЕД В ДЕТСКОМ САДУ

После прогулки все вернулись в помещение детского сада. Зайка не успел ещё осмотреться вокруг, как его позвали обедать.

«Твоё место будет вот за этим столиком», – сказала воспитательница.

Дежурный помощник – сегодня им назначили Мишутку – принёс Зайке ложку. А тарелка и чашка для компота уже стояли на столе. Обед показался Зайке вкусным, как никогда!

«Надо будет обязательно рассказать маме, – подумал Зайка, – какой вкусный суп варят в детском саду. И котлетка просто замечательная!!! Оказывается, в детском саду готовят ничуть не хуже, чем умеет мама. И добавки хватает всем! Замечательный обед!»

ДНЕВНОЙ СОН

— А теперь пора спать! — сказала воспитательница.

— Как? Уже спать? — удивился Зайка. — Мама обещала забрать меня сразу после дневного сна!

Зайка вспомнил о маме, и ему взгрустнулось. Он был готов заплакать. Воспитательница Белка заметила, что у Зайки глаза на мокром месте. Она подошла к новичку, похвалила его за то, что он так красиво и аккуратно сложил свою одежду и обувь перед сном. А ещё воспитательница положила Зайке в кроватку игрушечного мишутку. Оказывается, мама заранее принесла игрушку в детский сад, чтобы её сыночку не было грустно засыпать. Вот как мама любит Зайку, как заботится о нём! Зайка успокоился, прижал к себе любимую игрушку и сладко заснул.

МАМА ПРИШЛА

Мама действительно пришла за Зайкой после сна. Пока она расспрашивала воспитательницу о том, как прошёл первый день её сынишки в детском саду, Зайка успел ещё раскрасить цветными карандашами картинку и подарил её маме. Мама очень обрадовалась! Другие малыши – Мишутка и

Кисонька – тоже с нетерпением ждали своих мам и готовили для них рисунки.

– До свиданья, друзья, – попрощался Зайка.

– До завтра, до новой встречи, – добавила мама и, взяв Зайку за руку, повела его домой.

Дома Зайка сразу же уселся маме на колени. Ему не терпелось рассказать ей о том, что он увидел в детском саду.

– Может быть, сначала поужинаем? – предложила мама.

– Мама, мне так понравилось в детском саду! – сказал Зайка. – А ты научишься готовить такой суп, как я попробовал в детском саду? А давай поиграем с мячом так, как меня научили в детском саду?

И ещё долго в этот день Зайка рассказывал маме и папе о том, что с ним произошло в этот удивительный день – ПЕРВЫЙ ДЕНЬ В ДЕТСКОМ САДУ.

Задумайтесь, часто ли у вас по вечерам остаётся время для беседы с малышом. Для ребёнка рассказать о событии не менее важно, чем пережить его. Семейный ужин – один из самых благоприятных моментов для такой неспешной беседы. Уделите ребёнку несколько больше времени, чем вы привыкли обычно тратить на еду. Он с удовольствием расскажет вам о том, чем его кормили в саду, с какой начинкой пекут там пирожки. Пообещайте ребёнку почитать его любимую книжку про Зайку после ужина и сдержите это обещание. Ваше терпение и внимание к интересам малыша важнее для него, чем привычный вечерний просмотр мультфильмов или игра на компьютере.

Еще несколько слов об адаптации к детскому саду

Начало посещения детского сада для ребенка любого возраста – сложный период адаптации к новым социальным условиям. Давайте хорошенько запомним самые значимые моменты в жизни маленького ребенка в его первый день в детском саду.

Прежде всего, важно, чтобы малыш был изначально уверен, что в детском саду интересно и не страшно остаться там без мамы на какое-то время. Представления о временных интервалах у маленьких детей достаточно условны, для них слова «Я приду за тобой через час» еще ничего не значат. Малыш будет чувствовать себя спокойнее, если вы скажете: «Я заберу тебя сразу после прогулки».

Для малыша окружающий мир существует в формате «здесь и сейчас». Если вы хотите что-то пообещать ему в награду за его хорошее поведение в детском саду, то помните, что эта награда должна быть получена немедленно или через очень маленький временной промежуток (не больше 1 часа) после выполнения вашего «договора». Иначе малыш не свяжет в своем сознании эти два события: свое хорошее поведение в саду и получение «приза».

Ребенок ориентирован на усвоенный с самого раннего детства распорядок дня в семье. Здесь важна как последовательность, регулярность событий и их длительность, так и соблюдение определенного времени, когда ребенок встает, умывается и т.п. Если ваш день начинается в 10.00, а обедает малыш после 14.00, то это сразу ставит под сомнение саму возможность его хорошей адаптации к детскому саду. Надо сначала «перевести» часы семейного режима в соответствии с требованиями дошкольного учреждения, а только потом начинать приучать ребенка к его посещению.

Обратите внимание на верхний левый угол наших разворотов, связанных с пребыванием Зайки в детском саду: там нарисован циферблат часов. На часиках вы увидите время, которое наиболее благоприятно для организации дня ребенка. В яслях и детском саду дети каждого возраста имеют свой, строго регламентированный режим. Эта информация очень важна для родителей, подготавливающих ребенка к оформлению в садик. Заранее сходите к воспитателям группы, в которую будет ходить ваш малыш, и уточните распорядок дня.

Выберите такой вариант из детского гардероба, в котором ребёнку будет удобно двигаться и в то же время он будет иметь возможность самостоятельно снять, а еще лучше и надеть любую его деталь.

Если вашему ребёнку уже исполнился 1 год и вы планируете в ближайшем будущем отдать его в ясли-сад, обязательно начинайте настойчиво и последовательно приучать его к самостоятельному питанию. Ни в коем случае не ругайте его во время еды за то, что он, по вашему мнению, некрасиво и медленно ест! Будьте терпеливы и внимательны к любым сложностям, которые встретятся на его пути в детский сад. Желаем вашему крохе успехов.

ДОМАШНЯЯ ШКОЛА МОНТЕССОРИ

Тексты для ребенка читает взрослый.

ИСТОРИЯ,
из которой мы выясняем, как Мишка, Мышка и Ёжик примеряли платья и забрались в чудесный мешок

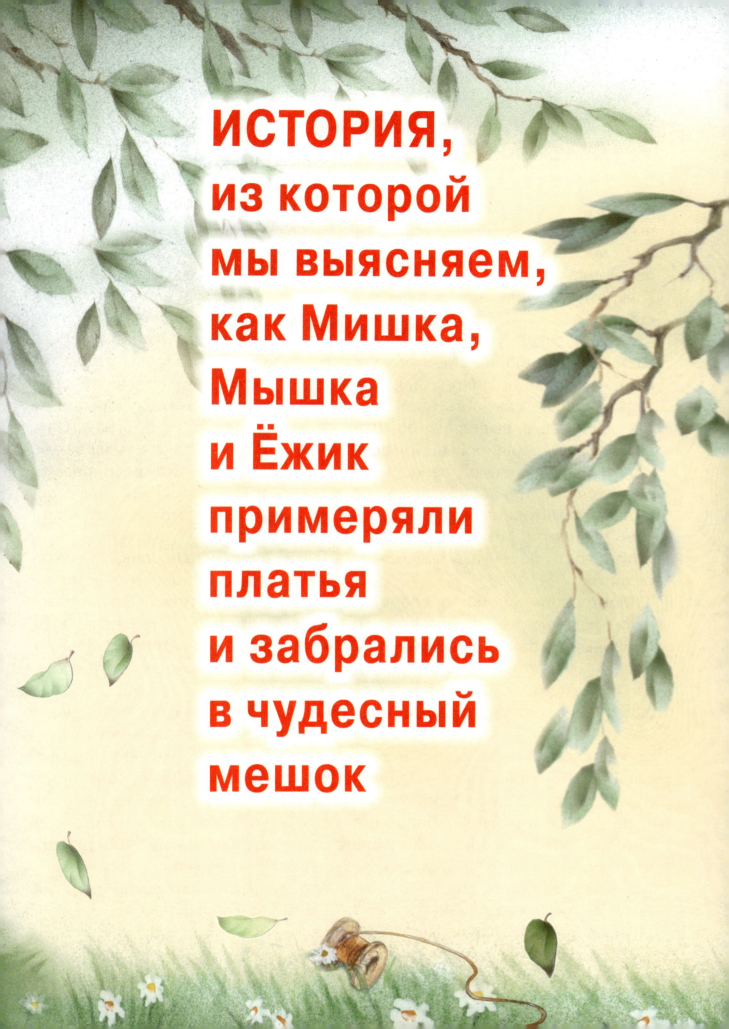

Учимся видеть, слышать, чувствовать*

Многие исследования посвящены тому, как сенсорное воспитание способствует развитию интеллекта, но мало кто пишет, какие конкретные упражнения помогают это делать. В лучшем случае перечень таких упражнений случаен. Лишь Мария Монтессори ещё в начале прошлого века не только поняла важность этой проблемы и даже выделила особый сензитивный (наибольшей восприимчивости) период сенсорного развития, но и разработала специальный материал, который должен удовлетворить естественную потребность ребёнка в сенсорном развитии.

Монтессори и её последователи, конечно же, понимают, что здоровый ребёнок получает сенсорные впечатления уже потому, что он видит, слышит, ощущает запах, вкус. Но можно ли не просто пользоваться этой природной особенностью ребёнка, но и развивать её? Например, японских детей учат различать более ста оттенков серого цвета. Подобные умения Монтессори называла утончением чувств и считала их важным качеством, способствующим, в том числе, и интеллектуальному развитию ребёнка.

* Тексты для ребенка читает взрослый.

Задача специального материала Монтессори в том, чтобы помочь достичь более высокого уровня развития чувств, расширить и организовать его опыт, научить детей классифицировать. Этот внешне простой навык необходим для построения интеллекта и развития творческих возможностей. Но раскрыть перед ребёнком мир – это только одна из задач. Вторая, и не менее важная, – помочь детям упорядочить свои ощущения. «Уметь различать – характерная черта мышления. Различать – значит группировать, следовательно, в жизни подготовляться к творчеству», – замечает Монтессори.

Косвенно сенсорный материал подводит ребёнка к письму и математике. Эта подготовка может быть разделена на моторную и интеллектуальную. Моторная происходит путём тренировки трёх пишущих пальцев и приучению к свободному и непрерывному движению кисти руки. Интеллектуальная заключается в пополнении словарного запаса конкретными понятиями. Подготовка к математике ещё более основательна. Фактически ребёнок получает основополагающие математические понятия, такие как «большой – маленький», «длинный – короткий» и т.д.

В нашей книге классический дидактический материал сознательно упрощён и приближен к домашним возможностям. Тем не менее внимание сосредоточено на том, чтобы не растерять дидактические задачи и придерживаться ряда важных принципов, принятых в системе М. Монтессори.

Родителям предлагается предоставить ребёнку несколько соответствующих его возрасту материалов для свободного выбора.

На первом занятии (упражнение 1) взрослый показывает принцип обращения с материалом, и если ребёнок усвоил этот принцип, оставляет его для самостоятельной работы. Начиная с упражнения 4, в некоторых уроках, которые даёт ребёнку взрослый, используется трёхступенчатый урок.

Желательно не вносить существенных изменений в материал для упражнений, так как он подобран по определённым принципам. Мария Монтессори сознательно использует абстрактный материал, который становится своеобразным эталоном того или иного качества. Только чёткий и точный материал, позволяющий ребёнку выделять признаки предметов в чистом виде, способствует адекватному осознанию внешнего мира.

Для лучшего восприятия эту абстракцию ещё более усиливают путём изоляции свойств, которая носит двоякий характер: с одной стороны, изоляция от окружающего мира, с другой – изоляция (выделение) одного качества, только того, которое меняется. Именно поэтому, например, в первых упражнениях используются неокрашенные матрёшки.

Познакомившись с эталоном, ребёнок может изучать полученное понятие на других вполне реальных предметах. Иными словами, материал становится универсальным ключом к познанию окружающего мира.

В сенсорном материале есть возможность показать ребёнку некоторые математические закономерности, которые развивают его математическое мышление (например, геометрические тела – шар, куб и т. д.).

Для поощрения самостоятельной работы в материал включён контроль ошибок. В одной части материала он визуальный, а в другой контроль проводится с помощью контрольных точек. Невозможно полностью собрать большую матрёшку, если неправильно собраны меньшие. Пары разноцветных контрольных точек могут наклеиваться на дно банок в упражнениях 21 и 22.

К. Сумнительный, доктор пед. наук, директор Московского Центра Монтессори
По телефону (499) 497-5660 с Центром можно связаться в будни с 16 до 19 час.
http//www.montessori-center.ru E-mail:ksum@narod.ru

Развитие визуальных чувств

Цель. Развитие глазомера, мелкой моторики. Концентрация внимания. Подготовка к введению математических понятий.
Материал. Матрёшки (комплект 10 штук), не разрисованные.

Упражнение 1

Взрослый выставляет матрёшки на стол в произвольном порядке и говорит ребёнку: «Сейчас я буду выстраивать их в ряд. Посмотри, как я это делаю». Взрослый медленно ставит матрёшки в ряд по порядку слева направо, начиная с самой большой до самой маленькой.

Работаем, не раскрывая логики и не давая ребёнку объяснений.

Взрослый перемешивает матрёшки и предлагает ребёнку построить такой же ряд. Если ребёнок не понял закономерности, через некоторое время можно повторить упражнение; если понял – может продолжить работу и экспериментировать с вариантами построения рядов.

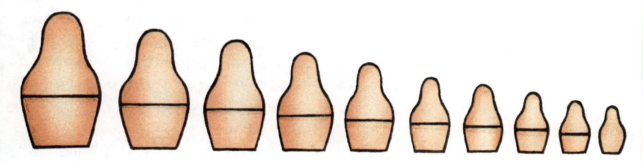

Упражнение 2

Взрослый (или ребёнок) открывает матрёшки и раскладывает верхние части матрёшек справа в ряд, а нижние – слева.

А. Части матрёшек лежат строго по порядку от большой к маленькой. Предлагаем ребёнку отыскать пару и закрыть матрёшку.

Б. Части матрёшек лежат в произвольном порядке, но в рядах. Предлагаем ребёнку найти пару.

В. Все части матрёшек перемешаны, ищем пары.

Упражнение 3

Все матрёшки собраны в одну большую. Взрослый показывает, как осторожно открывать и вынимать матрёшки, затем – как собирать их в одну большую. Ребёнок повторяет самостоятельно.

Прыг-скок, вышли Ёжик и Мышка на лужок. Стали считаться, чтобы в прятки играть. А вдвоём считаться неинтересно. Где Медвежонок, почему не пришёл? Вон он бежит, новые игрушки несёт. Посмотрели Ёжик и Мышка на игрушки. Игрушки жёлтенькие, гладкие, деревянные. «Ну и куколки, – Мышка недовольно поморщилась, – ни глазок, ни платьиц, ни волосиков». «Зато с секретом», – сказал Мишка. А как называется эта куколка и какой в ней в секрет, догадайся сам и расскажи.

Расширение словарного запаса (с матрёшками)

Цель. Изучение понятий «большой», «маленький». Сравнение величин. Подготовка к введению математических понятий.

Упражнение 4

Материал. Две матрёшки (самая большая и самая маленькая в комплекте).

Трёхступенчатый урок. Первая ступень. Взрослый показывает большую матрёшку и, передав её в руки ребёнку, говорит: «Это – большая». После того, как ребёнок исследовал большую матрёшку, взрослый передаёт ему маленькую и комментирует: «Это – маленькая».

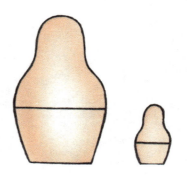

Вторая ступень. Взрослый играет с ребёнком: «Дай мне, пожалуйста, большую». Взрослый благодарит и просит дать маленькую. Игра может проходить в разных вариантах (поставь, отнеси, дай бабушке и т.д.). Играем до тех пор, пока ребёнок не научится правильно определять величину.

Третья ступень. Взрослый показывает ребёнку матрёшку и спрашивает: «Она какая?» Ребёнок отвечает: «Большая, маленькая».

Упражнение 5

Материал. Три матрёшки: самая большая, самая маленькая и средняя.

Взрослый берёт среднюю матрёшку и просит: «Дай мне, пожалуйста, большую (или меньшую), чем эта».

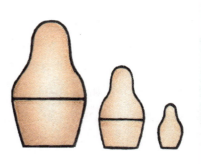

Круглый, резиновый, прыгучий. Его можно подбросить, покатить, поддать ногой. Что это, угадай? Правильно, мяч. Зверюшки играют в мяч. Опиши, какой мяч у Мишки? Да, большой-пребольшой, самый большой. А у Мышки... (самый маленький). У Ёжика мяч не самый большой и не самый маленький, а средний. У Ёжика мяч меньше, чем у Мишки, и больше, чем у Мышки. Подбери три игрушки: самую большую, поменьше, самую маленькую и расскажи о них.

Знакомство с цветом

Цель. Визуальное знакомство с основными и дополнительными цветами.

Упражнение 6

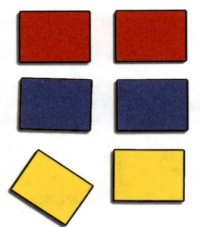

Материал. Две красные, две синие, две жёлтые таблички (из цветного картона, крашеного дерева, катушки цветных ниток).

Взрослый выкладывает таблички в произвольном порядке и говорит ребёнку: «Я хочу найти здесь одинаковые цвета». Затем берёт любую табличку и подбирает к ней пару. Таблички кладутся рядом. Под них выкладывается вторая пара и т. д. Таблички перемешиваются, и ребёнок подбирает пары самостоятельно.

ИГРЫ НА РАССТОЯНИИ

Игра 1. На одном столе лежит красная, синяя, жёлтая таблички. Пары к ним на значительном расстоянии. Взрослый показывает любую табличку (не отдавая в руки) и просит ребёнка принести такую же.

Игра 2. Все таблички лежат на столе, и ребёнка просят отнести табличку и положить её рядом с предметом такого же цвета. (Ребёнок должен отыскать в комнате предмет такого же цвета и сравнить с табличкой.)

Упражнение 7

Материал. Пары табличек основных цветов плюс дополнительные (зелёный, фиолетовый, чёрный и т.д.). Желательно, чтобы все пары находились в коробке с крышкой.

Таблички основных цветов, уже знакомых ребёнку, лежат на столе в произвольном порядке. Взрослый предлагает подобрать пары. Когда малыш заканчивает работу, взрослый показывает, что у него есть ещё таблички с дополнительными цветами, просит ребёнка выбрать и выложить на стол три понравившихся цвета. Остальные таблички дополнительных цветов убираются. Все таблички перемешивают. Ребёнку предлагают выложить пары.

Упражнение 7

Материал. Серии табличек основных и дополнительных цветов с оттенками от самого тёмного до самого светлого (желательно 8 оттенков).

Взрослый говорит: «Посмотри, как я выложу эти таблички» и молча выкладывает ряд слева направо от самого тёмного до самого светлого оттенка одного цвета. Затем перемешивает таблички и предлагает ребёнку выложить так же. По такому принципу работаем с остальными оттенками.

Прошёл дождик: кап-кап-кап. Выглянуло солнышко. Зверята надели курточки и вышли на лужок. Расскажи, какого цвета курточка у Мышки, Мишки, Ёжика. Посмотрели зверята на небо, а там... Вот так чудо, чудеса! Бежит по небу дорожка – она и красная, и жёлтая, и синяя, и зелёная... Это... (радуга). Радуга-дуга, не давай дождя, давай солнышка-колоколнышка! Скажи радуге: «Здравствуй!» Поговорите с ребёнком о цветах радуги, о том, что дорожки на ней располагаются всегда в определённом порядке («каждый охотник желает знать, где сидит фазан»).

Расширение словарного запаса (с цветными табличками)

Цель. Знакомство с названиями основных и дополнительных цветов. Знакомство со сравнительной степенью прилагательных (тёмный, темнее, самый тёмный).

Упражнение 9

Материал. Цветные таблички (красная, синяя, жёлтая).

Подаём материал с помощью трёхступенчатого урока.

Первая ступень.   Взрослый выкладывает по одной табличке, называя их: «Это – красная (синяя, жёлтая)»

Вторая ступень.   Взрослый играет с ребёнком: «Дай мне красный», «Положи на стол жёлтый», «Возьми себе синий»… Игры на этой ступени продолжаются до тех пор, пока ребёнок не начнёт правильно различать цвета. После этого переходим к третьей ступени.

Третья ступень.   Взрослый показывает ребёнку табличку и спрашивает: «Это какой?» Ребёнок отвечает: «Красный (синий, жёлтый)».

Упражнение 10

Материал. Три таблички дополнительных цветов.

Работаем так же, как в упражнении 9.

Упражнение 11

Материал. Три таблички разных оттенков одного цвета (самый тёмный, средний, самый светлый).

Работаем так же, как в упражнении 9.

Ах, какие веера у зверюшек! С ними можно танцевать. Во что одет мишка? Какого цвета на нём штанишки? У кого веер такого цвета? А какого цвета у мышки платье? Кто танцует с веером такого же цвета? Посмотри, как у ёжика раскрашен веер: полосочка красная – самая тёмная, потом светлее, светлее, ещё светлее, самая светлая. У кого ещё так раскрашен веер? Показывай пальчиком и рассказывай.

Развитие тактильных ощущений

Цель. Развитие тактильных ощущений. Знакомство ребёнка с понятиями «гладкий», «шершавый» и со сравнительной степенью прилагательных. Подготовка руки к письму.

Упражнение 12

Материал. Отполированная деревянная дощечка 24х13 см (одна половина дощечки гладкая, на второй наклеена наждачная бумага).

Первая ступень.   Взрослый кончиками пальцев правой руки плавно проводит сверху вниз по гладкой поверхности. Предлагает ребёнку повторить движение и говорит: «Это гладкая». Затем проводит рукой по шершавой поверхности и предлагает ребёнку повторить, вводя понятие «шершавый».

Вторая ступень.   Взрослый просит ребёнка показать (проведя рукой), где гладкая, а где шершавая поверхность.

Третья ступень.   Взрослый спрашивает: «Это какая?»

Упражнение 13

Материал. Отполированная деревянная дощечка (24х13 см). На ней перемежаются десять равных гладких и шершавых (одинаковой шершавости) полос.

Взрослый проводит кончиками пальцев по доске и говорит: «Гладкая — шершавая, гладкая — шершавая...» Ребёнок повторяет.

Упражнение 14

Материал. Отполированная деревянная дощечка (24х13 см). Разделена на десять одинаковых гладких и шершавых (различной шершавости — от более до менее шершавой) полос.

Даём ребёнку возможность провести двумя пишущими пальцами по полоскам, а затем вводим понятия «шершавая», «ещё шершавее»... «самая шершавая».

Спрятался Мишка за дерево, погладил ствол лапкой. «Ой, – говорит, – почему дерево с одной стороны такое, а с другой – такое?» «Не такое и такое, – ответил Ёжик, – а гладкое и шершавое. Кора шершавая, а ствол без коры – гладкий. Я вот тоже на гладком стволе сижу». «Твоя шёрстка тоже гладкая, Ёжик, – сказала Мышка и дотронулась до шёрстки Ёжика. – Ой-ёй-ёй!» Почему закричала Мышка? (Она укололась.) У Ёжика колючие иголки, а не шёрстка. А у кого ещё бывают иголки? (У ёлки.) Есть иголки, которыми шьют.

Утончение тактильных ощущений

Упражнение 15

Материал. Пары прямоугольных лоскутов ткани произвольного, но одинакового размера, отличающиеся по фактуре и толщине.

Лоскутки ткани лежат вперемежку в одной стопке. Взрослый берёт лоскуток и ощупывает его то одной, то другой рукой, даёт ощупать ребёнку. Затем говорит: «Я хочу найти такой же, как этот». Откладывает лоскуток, берёт следующий, повторяя с ребёнком те же действия. Снова берёт первый лоскуток в левую руку, второй в правую и ощупывает одновременно, затем даёт ребёнку ощупать лоскутки и спрашивает: «Они одинаковые?» Если да, то складывает пару и отодвигает её в сторону, если нет — продолжает подбор к первому, а второй откладывает в отдельную стопку».

Примечание. Начинаем работу с тремя резко отличающимися по фактуре тканями (бархат, шёлк, мех), а затем увеличиваем количество пар. Позже работаем с закрытыми глазами.

Упражнение 16

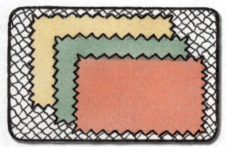 

Материал. Три разных по фактуре лоскутка ткани.

Первая ступень. Взрослый предлагает ребёнку ощупать лоскуток ткани и говорит: «Это шёлк». Так же вводятся названия остальных тканей.

Вторая ступень. Взрослый просит показать шёлк, бархат, шерсть, предлагая ребёнку те же игры, что в других упражнениях на развитие словаря.

Третья ступень. Взрослый показывает по очереди лоскуты ткани и спрашивает ребёнка: «Как называется эта ткань?»

Пришли зверята в магазин – одежду примерять. Ёжик выбрал штанишки из плотной ткани. Какие красивые, синие, с кармашками. У тебя есть джинсы? Пощупай, у них тоже плотная, толстая ткань. Мышка примерила кофточку – красную, в горошек, с белым воротничком. Кофточка лёгкая, шелковистая. У мамы есть такая кофточка из шёлка, правда? А шубку из меха – вон она висит – никто не стал примерять. В лесу лето, а меховую пушистую шубку носят зимой. Что ещё носят зимой?

Развитие стереогностического чувства

Цель. Развитие тактильных ощущений и чувства объёма. Знакомство с принципом разделения (сортировки) по категориям в зависимости от свойств. Расширение словарного запаса.

Упражнение 17

Материал. Менажница, разные сорта орехов в скорлупе (грецкие, фундук, земляные, кедровые и т.д.).

Все орехи лежат в одном отделении. Взрослый предлагает ребёнку ощупать один орех и кладёт его в пустое отделение. Ребёнок ощупывает орехи и сортирует их по видам. Последующая работа проводится с закрытыми глазами.

Примечание. Работаем, как в упражнении 16. Для сортировки можно использовать пуговицы разной величины и др.

Упражнение 18

Материал. Мешочек, в котором лежат маленькие предметы (камешек, карандаш, монетка, бутылочка, воронка, шишка, тряпочка, бусинка, шарик, бумажная салфетка и др.).

Взрослый засовывает руку в мешочек, нащупывает предмет, называет его, достаёт из мешка и показывает ребёнку. Так все предметы выкладываются на стол, затем складываются опять в мешочек. Ребёнок повторяет упражнение.

Упражнение 19

Материал. Два мешочка, в которых лежат одинаковые маленькие предметы.

Взрослый засовывает руку в мешочек, нащупывает предмет, называет его, достаёт и показывает ребёнку. Затем просит ребёнка достать такой же предмет из своего мешочка. Играют, пока все предметы не будут выложены на стол.

В лесу праздник. Посмотри, как зверята нарядились. У них красивые колпачки, воротнички, плащики. Какой большой мешок с подарками! Скорее хочется узнать, что за подарки. Запустил Мишка лапку в мешок и говорит: «У меня что-то круглое, как шарик!» «А я взял тонкое и длинное. Может, карандаш?» – сообразил Ёжик. «Я догадалась! У меня квадратная коробочка, а там лежит... будильник, что ли?» – растерялась Мышка. Вот всегда она торопится, не подумает, а сразу говорит. Как ты думаешь, что нашла Мышка?

Развитие вкуса, обоняния и слуха

Упражнение 20

Материал. 4 пары баночек с водой, в которую добавлены вещества, придающие ей определенный вкус без изменения цвета (сахар, лимон, соль, сок грейпфрута). Ложечки для снятия проб. По два стакана с питьевой водой у взрослого и ребёнка для нейтрализации ложечек и вкусовых ощущений.

Баночки стоят в два ряда слева и справа. Взрослый наливает в ложечку несколько капель подслащённой жидкости из левого ряда и пробует её. Затем запивает (нейтрализует) чистой водой. Ложечку нейтрализуют в другом стакане с чистой водой. Предлагает ребёнку сделать то же самое. Взрослый говорит: «Я хочу найти такую же по вкусу, как эта, из другого ряда». Берёт баночку из правого ряда и пробует. Затем это делает ребёнок. Взрослый спрашивает: «Они одинаковые на вкус?». Если да, то пара отставляется в сторону. Если нет, то поиск в правом ряду продолжается.

Начинайте со сладкой воды, затем следует кислая, солёная, горькая. Можно повторить это упражнение с другими продуктами, подобрав контрастные вкусы или вкусы, способствующие утончению.

Упражнение 21

Материал. 3 пары непрозрачных баночек для специй с крышечками (внутри ванилин, гвоздика, мускатный орех или др.).

Баночки стоят, как в предыдущем упражнении (крышечки плотно закрыты для сохранения запаха). Взрослый берёт баночку из левого ряда, открывает крышку и показывает, как правильно нюхать. Предлагает ребёнку сделать то же и говорит: «Мы будем искать такой же запах в другом ряду». Далее, как в предыдущем упражнении.

Можно использовать бутылочки с туалетной водой или духами.

Упражнение 22

Материал. 3 пары коробочек (например, из-под киндерсюрпризов) с сыпучими веществами внутри (песок, камешки, крупа). Необходимо, чтобы шумы значительно отличались друг от друга.

Коробочки стоят в таком же порядке, как в предыдущих упражнениях. Взрослый берёт одну коробочку из левого ряда, подносит её к левому уху и встряхивает. Внимательно прислушивается и встряхивает у правого уха. Предлагает ребёнку повторить. Потом говорит: «Я хочу подобрать коробочку с таким же шумом из другого ряда». Далее как в упражнении 20.

Упражнение 22а

Ребёнку показывают, как выстроить ряд шумов от самого громкого к самому тихому, и предлагают сделать это самостоятельно. С детьми старше 3,5 лет можно использовать большее количество шумов.

А сейчас что зверята делают? Мышка нюхает цветы. Приятно пахнут цветы или нет? Тебе нравится их нюхать? А мамины духи? Мишка лижет леденец. Ох, вкусно, наверное. Только суп ещё вкуснее, да? Что ты любишь есть? Можно спросить и так: что тебе нравится на вкус? Ёжик слушает, как гремит погремушка. Погремушка... (гремит). Бумага... (шуршит). Колокольчик... (звенит). Что ещё гремит, шуршит, звенит?

ИСТОРИЯ, в которой Ёжик, Мишка и Мышка загружали слова в вагончики, а потом придумали, как написать письмо

Учимся письму и чтению по Монтессори

В этом разделе мы расскажем о том, как помочь ребёнку овладеть письмом и чтением с помощью упражнений, придуманных Марией Монтессори и её последователями. Сегодня есть множество способов обучения детей чтению, и как технические приёмы предложенные упражнения – только один из таких способов. Но в том-то и отличие педагогики М. Монтессори, что чтение и письмо становятся естественным результатом развития ребёнка.

Например, известно, что к пяти годам дети в группах Монтессори начинают читать. Но это не правило. Моему сыну было уже шесть, когда он пришёл из детского сада и сказал маме: «Дай мне книгу, я хочу читать». Так и читал три дня подряд на занятиях и дома. Такой эффект, который М. Монтессори назвала «взрыв чтения», – результат долгой самостоятельной работы ребёнка, и не только в области языка.

Две идеи лежат в основе Монтессори-метода. Первая – ребёнок лучше, чем любой взрослый, знает, что ему нужно в каждый конкретный момент его жизни, и имеет внутренние силы для развития. Вторая – внимательный взрослый может помочь ребёнку не потеряться в пока ещё чужом ему мире.

Именно поэтому учитель в Монтессори-группе наблюдает за самостоятельной работой детей и показывает ребёнку упражнение только тогда, когда видит, что малыш к этому готов. Родителям иногда трудно это определить, но если ребёнок начал отвлекаться, лучше не настаивать на продолжении. Надо помнить, что «урок» длится не более 3-5 минут, а признак его успешности – дальнейшая самостоятельная работа ребёнка. Итак, Монтессори предлагает такую триаду: специальная развивающая среда – свободный выбор – короткий урок. В нашей книге урок даётся под рубрикой «Упражнение».

Обычно прежде чем показывать что-то детям, учитель сам, желательно не один раз, должен проделать и проговорить всё то, что он собирается предъявить ребёнку. Родителям тоже следует обдумать, как и что показать и сказать ребёнку. Порядок действий и примерный текст даны в «Упражнениях», но важно не только то, что вы скажете, но и как (насколько точно и доступно).

Всё это не заменит работу с вашими детьми в правильно организованной Монтессори-группе, но даст ребёнку шанс естественно войти в мир чтения. Правда, придётся не жалеть сил и времени. Поэтому несколько слов о системе и о том, что осталось за рамками этой книги.

Базой для чтения становится устная речь. Говоря с детьми, давая им точные уроки с новыми для них словами, вы расширяете их словарный запас, помогаете почувствовать красоту точного, правильно выстроенного высказывания. Поэтому следите за тем, как вы говорите с ребёнком.

Но прежде чем ребёнок начнёт читать, М. Монтессори предлагает научить его писать. Этот парадокс, с точки зрения традиционных методик, объясняется тем, что Монтессори под чтением понимает не простое узнавание букв и умение складывать их в слова с определённой скоростью, а понимание смысла прочитанного. В этом процессе малыш интерпретирует чужие мысли, а при письме только выражает свои, что, несомненно, проще даже для взрослого человека.

Знакомство с каждым символом проводится в виде трёхступенчатого урока. Учитель показывает две-три буквы и называет их. На втором этапе просит ребёнка найти названную букву. А на третьем, указывая на карточку, просит назвать букву. Ребёнок обводит буквы пальчиками, потом карандашом.

Но истинный анализ и синтез звуков в слове проводится с помощью подвижного алфавита. Это набор букв, из которых можно сложить слово. Перед тем как составить слово, ребёнку нужно чётко произнести его и сопоставить каждому звуку символ. Подвижный алфавит также служит прекрасным средством совершенствования правописания.

Неудобство этого, на наш взгляд, наиболее эффективного пути заключается в том, что взрослому приходится делать специальные материалы, которые мы описываем в рубрике «Материал». Мы предлагаем вам наш вариант и думаем, что не так уж страшно купить муляжи овощей, фруктов и животных. Эти игрушки при умелом использовании будут работать на развитие вашего ребёнка. Подвижный алфавит можно купить, или использовать магнитную азбуку, или сделать объёмные буквы самим.

Не столь сложно подобрать и красивые прищепки. Они послужат не только для подготовки пальцев ребёнка к письму, но и помогут малышу освоить работу с ножницами. Наверное, самый сложный материал – это рамки (упражнения 7, 8, 9). Пусть они будут самодельные картонные, простых форм. К сожалению, сложные фигурные рамки (которые легко купить) практически непригодны для работы – рука ребёнка не может красиво воспроизвести сложный контур, часто ломается карандаш, поэтому такая работа вызывает раздражение.

К. Сумнительный, доктор пед. наук, директор Московского Центра Монтессори

Расширение словарного запаса

ВВЕДЕНИЕ НОВЫХ СЛОВ. КЛАССИФИКАЦИЯ

Цель. Расширение словарного запаса, классификация предметов и слов по обобщающим категориям.

Материал. Три коробочки или корзинки с муляжами фруктов, животных и с тем, что использует человек в повседневной жизни: очки, расчёска, машинка, зубная щётка, карандаш и т.д. (содержимое последней коробочки можно постоянно менять, складывая туда то, что может быть определено общим понятием).

Упражнение 1

Предложите малышу выложить из одной коробочки и назвать те предметы, которые он уже знает. Отложите их в сторону. Незнакомые предметы достаньте из коробочки сами и назовите их (не больше двух-трёх предметов за одну игру). Например: кораблик, паровоз, вертолёт. Поиграйте некоторое время с новыми предметами, повторяя их название: «Дай мне паровозик», «Возьми себе кораблик», «Поставь вертолёт на окно» и т.д.

В конце игры спросите у малыша, поочередно указывая на эти предметы: «Что это?» Когда ребёнок назовёт их, взрослый собирает все предметы вместе и даёт общее понятие: «Это транспорт».

Повторяйте игру с муляжами овощей, фруктов, животных. В конце каждой игры давайте общее понятие.

Упражнение 2

Ребёнок беспорядочно выкладывает предметы из трёх коробочек, называя уже знакомые ему предметы. Попросите его сложить в одну коробочку только то, чем пользуется человек, в другую то, что относится к растениям, в третью – животных. Предложите ребёнку самостоятельно повторить это и проверьте выполненную работу.

    Жили-были Ёжик, Мышка и Мишка-малышка. Вот раз уехали их папы и мамы по делам, а деток одних оставили. Стали зверята порядок наводить, вещи и игрушки по местам убирать. Подобрали очки, которые на пол упали, расчёску, щётку зубную – и в одну коробочку сложили. «Потому что это не игрушки, а вещи, которыми мы пользуемся», – сказал Ёжик. «А я все машинки, самолётики, кораблики тоже в одну коробочку сложил, потому что это транспорт», – сказал Мишка. «А я яблоко хочу к очкам и расчёске положить. Я им тоже пользуюсь, каждый день ем», – сказала Мышка. А ты как думаешь, в какую коробку яблоко положить?

РАЗВИТИЕ

Цель. Расширение словарного запаса, представлений о живой природе.
Материал. Серия карточек.

Упражнение 3

Разложите перед ребёнком серию карточек с картинками, представляющими развитие плода. Например: зёрнышко, росток, молодое деревце, цветущее дерево, апельсин с зёрнышками (в разрезе). Объясните малышу порядок появления плода, выкладывая карточки в правильный ряд. Потом перемешайте карточки и попросите ребёнка разложить карточки самостоятельно. В конце проверьте правильность выполненной работы. Можно подготовить карточки по развитию зверей, растений, насекомых. Более подробный материал по темам «Развитие» и «Семья» см. в следующем разделе.

СЕМЬЯ

Цель. Расширение словарного запаса.
Материал. Муляжи животных одной группы.

Упражнение 4

Попросите ребёнка взять коробочку с одной группой животных (например: бык, корова, телёнок) и назвать их. Взрослый повторяет за ребёнком или уточняет: папа – бык, мама – корова, ребёнок – телёнок. Играем в игру, где взрослый часто повторяет названия членов семьи. Папа-бык пошёл к воде, мама-корова кормит телёнка и т.д. В конце игры спросите ребёнка: «Как мы называем ребёнка в этой семье?» и т.д. Повторяйте эту игру с другими семьями, время от времени возвращаясь к уже изученным животным.

Решили зверята пообедать. «Не хочу сейчас обедать, – сказала Мышка. – Давайте сначала играть. Я буду мама-корова, Ёжик – папа-бык. А Мишка будет коровий ребёнок. Как его называют-то?». Ты знаешь, как зовут сына коровы? Каких детёнышей ты ещё знаешь?

Подготовка руки к письму

ВИНТИК, ЕЩЁ ВИНТИК

Цель. Развитие кисти, концентрация внимания, координация движений.
Материал. Две коробки с разными крупными шурупами и гайками.

Упражнение 5

Ребёнок берёт из одной коробки шуруп, подбирает к нему парную гайку из другой коробки и навинчивает её на шуруп. После показа взрослого это упражнение ребёнок может выполнять самостоятельно.

СОЛНЫШКО, СВЕТИ

Цель. Развитие трёх пишущих пальцев.
Материал. Прищепки и полоска картона.

Упражнение 6

Взрослый берёт одну прищепку тремя пальцами и показывает ребёнку, как её прицепить к картону. Далее малыш может повторить упражнение под присмотром взрослого и затем работать самостоятельно. Позже можно заменить картон туго натянутой верёвкой.

ШТРИХОВКА

Цель. Тренировка руки при обводке плоских фигур, штриховка, соблюдение границы при штриховке.
Материал. Рамки-вкладыши (десять рамок с вкладышами различной геометрической формы). Кроме классических рамок можно использовать и другие вкладыши, но не очень сложной конфигурации. Цветные карандаши, листы бумаги и подкладка из картона того же размера, что и рамки.

Упражнение 7

Взрослый кладёт под лист картонную подкладку, затем обводит внутренний контур рамки. Убирает её. Вкладыш совмещается с нарисованной фигурой и обводится карандашом другого цвета (начинать необходимо с левого нижнего угла вверх, не отрывая руки). Вкладыш убирается. Фигура заштриховывается без отрыва руки и перехода границ. Движение имитирует письмо. Ребёнок повторяет упражнение самостоятельно. Упражнение повторяется с другими вкладышами. Потом возможна комбинация фигур и штриховка линиями разной частоты и цвета. Ребёнок сам придумывает различные комбинации, создавая разнообразные орнаменты.

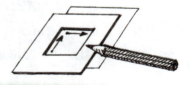
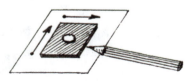

    Постирала Мышка после обеда салфеточки и только начала их на верёвку вешать, а верёвка возьми и оборвись. «Не беда, – утешает подругу Мишка, – здесь гвоздик выпал, сейчас я тебе помогу». Нашёл Мишка новый гвоздик, крепко к дереву прибил и верёвку на него привязал. «Вот теперь вешай салфеточки!» А Мышка их ещё и прищепками прикрепила, чтобы от ветра не улетели. Ёжик говорит: «А я сейчас картинки нарисую и на стенку повешу. Красиво получится!»

ВЫКАЛЫВАНИЕ

Цель. Тренировка руки при обводке плоских фигур.
Материал. Рамки – вкладыши (десять рамок с вкладышами различной геометрической формы). Кроме классических рамок можно использовать и другие вкладыши несложной конфигурации. Цветные карандаши, листы бумаги и подкладка из картона того же размера, что и рамки. Шило или крупная кнопка с головкой.

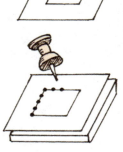

Перед показом этого и следующего упражнения побеседуйте об осторожном обращении с колющими предметами. Дайте ребёнку попробовать острый конец.

Упражнение 8

Взрослый помещает на лист бумаги плоскую форму, обводит её карандашом с левого нижнего угла вверх и направо, не отрывая руки. Под бумагу с рисунком кладём подкладку из картона или линолеума. Обкалываем по контуру шилом. В завершении работы отсоединяем полученную фигуру от листа бумаги. Ребёнок может работать с различными фигурами или их комбинациями.

ВЫШИВКА

Цель. Тренировка руки при обводке плоских фигур.
Материал. Рамки – вкладыши (десять рамок с вкладышами различной геометрической формы). Кроме классических рамок можно использовать и другие вкладыши несложной конфигурации. Цветные карандаши, листы бумаги и подкладка из картона того же размера, что и рамки. Шило, разноцветные нитки. Необходимо выбрать иголку с большим ушком и показать ребёнку, как вставлять нитку.

Упражнение 9

Как в предыдущем упражнении, обкалываем контур, делая отверстия на расстоянии одного сантиметра друг от друга (для упражнения желательно использовать более плотную бумагу). Берём иголку с ниткой и начинаем вышивать по контуру, не пропуская сделанные отверстия. Ребёнок может, комбинируя формы и цвет ниток, получить оригинальный орнамент.

ПРИЧЁСКА КУКЛЫ

Цель. Развитие мускулатуры руки, концентрация внимания.
Материал. Бумага и подкладка из картона, шило, иголка с разноцветными нитками, ножницы, рисунки с контуром в форме головы куклы.

Упражнение 10

Показываем ребёнку, как вырезать эту фигуру. По верхней части вырезанного контура, немного отступив от края шилом, прокалываем отверстия. Вставляем в отверстия заготовленные нитки, получая волосы для куклы. Ребёнок может нарисовать глаза, нос, рот.

«Знаешь, Ёжик, – сказала Мышка, – картинки ведь и вышивать можно. Хочешь попробовать?» Взяли зверята нитки, большие иголки. Мишка говорит: «Я звезду вышью. Только дырочки для ниток сначала шилом проколю, а то мне иголкой трудно». «Ой, а я себе дочку-куколку сделаю! – придумала Мышка. – Сейчас личико нарисую и волосики ей пришью». Давай и мы с тобой что-нибудь вышьем, хорошо?

Звуковые игры

НАЙДИ ОБЩИЙ ЗВУК

Цель. Научить ребёнка различать звуки в слове на слух и подготовить к грамотному написанию букв.

Материал. Три коробочки с мелкими игрушками (или карточками с изображениями предметов – 3-4 в каждой коробке). В первой коробке – предметы, в названии которых есть общий звук в начале слова, во второй – тот же звук в середине, в третьей – в конце слова. Таких групп игрушек (картинок) желательно иметь на каждый звук в алфавите.

Упражнение 11

Достаём из коробочки предметы и просим ребёнка назвать их (используем уже знакомые ему предметы). Например: слон, собака, сумочка. Повторите эти названия несколько раз, выделяя звук «с» в начале слова. Помогите ребёнку понять, какой звук общий для всех этих слов. Упражнение повторите с другой группой игрушек, в которой звук в середине, в конце слова. Избегайте сложных слов, где звук повторяется дважды (например, «сосна», «соска» и т.д.).

ЗВУКОВОЙ ПАРОВОЗИК

Цель. Научить ребёнка различать звуки в слове на слух и подготовить к грамотному написанию слов.

Материал. То же, что в предыдущем упражнении.

Упражнение 12

Игрушки (например, со звуком «с» в начале, середине и конце слова) вынимаются из коробочек и перемешиваются. Ребёнок должен разложить их по «вагонам паровозика»: в первый вагон – со звуком в начале слова, во второй – со звуком в середине, в третий – со звуком в конце слова. Предназначено для самостоятельной работы ребёнка.

ЦЕПОЧКА СЛОВ

Цель. Научить ребёнка различать звуки в слове на слух и подготовить к грамотному написанию слов. Закрепление соотношения звука и его символа.

Материал. Коробка с отделениями (по числу звуков), в каждом из которых лежат предметы, начинающиеся на один из звуков. В каждом отделении по несколько маленьких предметов, названия которых начинаются на эту букву.

Упражнение 13

Ребёнок выкладывает предметы в таком порядке, чтобы последующее слово начиналось со звука, на который оканчивается предыдущее. Например: ку**б** – **б**елк**а** – **а**нана**с** – **с**амолё**т** – **т**елефо**н** – **н**осок.

Ту-ту! Чух-чух-чух! – это поезд бежит по рельсам. Мишка за Ёжика, Мышка за Мишку. Ту-ту! Бежал-бежал поезд и остановился. «Будем в вагоны загружать звуки», – сказал Ёжик. «Звуки? Как это?» – удивились Мышка и Мишка. «Возьмём звук «к» и придумаем с ним слова, чтобы этот звук в начале, в середине или в конце слова был. Я придумываю слово – корова». «Я придумал подушку, здесь «к» в середине», – обрадовался Мишка. «Да-а, – расстроилась Мышка, – мне самое трудное оставили. Зато я вот какое красивое придумала – сапожок!» Молодцы зверята!

Знакомство с написанием букв и их произношением

СОРТИРОВКА ПО ЗВУКАМ

Цель. Научить ребёнка различать звуки в слове на слух и подготовить к грамотному написанию букв. Закрепление соотношения звука и его символа.

Материал. Коробка с отделениями, на каждом из которых обозначена одна из букв. В каждом отделении – по несколько маленьких предметов, названия которых начинаются на эту букву.

Упражнение 14

Ребёнок выкладывает из коробки все предметы и перемешивает их. Потом поочерёдно берёт предметы, произносит их название, выделяя голосом первый звук, и кладёт в соответствующую ячейку.

ШЕРШАВЫЕ БУКВЫ

Цель. Изучение письменного символа. Установление и развитие взаимосвязи между тактильным ощущением, зрением и слухом. Развитие мускульной памяти.

Материал. Карточки с наклеенными на них буквами из шершавой (бархатной) бумаги.

Упражнение 15

Взрослый берёт карточку, тремя пишущими пальцами обводит букву согласно правилам её написания и произносит соответствующий звук. Ребёнок повторяет за взрослым. Таким образом, взрослый знакомит ребёнка с двумя или тремя буквами (не более).

На втором этапе взрослый перемешивает показанные ребёнку карточки и предлагает всевозможные упражнения с ними (например: «Покажи мне букву, обведи» и т.д.).

На третьем этапе взрослый, указывая на символ, спрашивает: «Какая это буква?»

Прибыл поезд на сортировочную станцию. Стоп, остановка! Выгружаем всё из вагончиков. Ёжик выгрузит слова на звук «А»: арбуз, ананас, апельсин. Самый вкусный звук получился. Мышка – слова на звук «О»: одеяло, овца, одуванчик. Мишка – всё на «У»: улитка, ухо, ураган. А ты на какой звук будешь слова выгружать? Сколько ты слов придумал?

ПОДВИЖНЫЙ АЛФАВИТ

Цель. Подготовка к грамотному письму и чтению, анализ и синтез звуков.
Материал. Вырезанные из картона или линолеума письменные буквы. Гласные – красные, согласные – синие. Каждая буква в нескольких экземплярах.

Упражнение 16

Ребёнок берёт несколько экземпляров знакомых ему букв (например о, д, с, м). Взрослый говорит: «Сейчас мы с тобой напишем слово "дом"». Взрослый несколько раз медленно, протяжно произносит это слово, выделяя голосом каждый звук. Малыш выкладывает слово из подвижного алфавита. Это и будет первое слово, которое ребёнок написал сам. Помогите малышу найти другие слова, которые можно составить из этих букв. Эта работа является стимулом для изучения новых букв. Вернитесь к буквам из шершавой бумаги и выучите ещё две-три буквы, из которых можно сложить новые слова.

ПИШЕМ БУКВЫ И СЛОВА

Цель. Развивать интерес к написанию букв и слов. Тренировка движений руки при написании букв.
Материал. Поднос, на котором тонким слоем насыпана манка или песок.

Упражнение 17

Взрослый называет букву, и ребёнок пишет её на манке пальчиком или палочкой. Затем поднос встряхивается. Взрослый предлагает малышу написать слово, неоднократно проговорив его и выделив голосом каждый звук. При этом ребёнок, ещё не умея читать, пишет самостоятельно короткие слова, зная не все буквы.

СРАВНИ С ОБРАЗЦОМ

Цель. Концентрация внимания на письме, утончение моторики.
Материал. Стандартный разлинованный лист с написанными на нём словами, вставленный в прозрачную полиэтиленовую папку, тонкий маркер.

Упражнение 18

Ребёнок берёт материал и обводит слова. Затем вынимает лист и сравнивает свое написание с образцом.

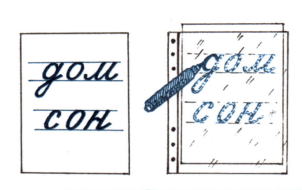

Задумали Ёжик и Мишка мамам и папам письмо послать: «Дома всё хорошо». Взяли свой разрезной алфавит и стали буковку к буковке подставлять, чтобы слова получились. Слова-то сложили, а дальше что делать? Как их в письме отправить? А Мышка слова не складывала, она собралась пирожки печь. Насыпала на поднос муки, хотела тесто замесить. И случайно по муке пальчиком провела. Глядь, на подносе буква «С» получилась. «Ура! – закричала Мышка. – Я догадалась, что надо сделать. Надо письмо на-пи-сать!»

ИСТОРИЯ, в которой мы решаем, что раньше появилось, яблоко или яблоня, и размышляем, бывает ли у животных семья

Учимся обобщать

В своё время Мария Монтессори заметила (а современная психология подтвердила), что примерно в 2,5 года у ребёнка начинается лавинообразный рост словарного запаса. Он понимает и чувствует грамматически верные построения и стремится воспроизвести их. Развитие мышления очень хорошо видно в 3-3,5 года, когда дети проговаривают практически всё, о чём думают.

Современные исследования показали, что речь может развиваться двумя стилями. При одном дети начинают говорить с названия действий, а при втором – с названия предметов. Было также зафиксировано, что при втором стиле словарный запас увеличивается быстрее. Хотя Монтессори не могла знать об этих исследованиях, она предложила материал для развития словаря, опирающийся на названия предметов, – карточки с изображениями предметов и живых существ.

Но для ребёнка рисунок – абстракция, и прежде чем показать его и произнести название нарисованного предмета, важно познакомить с тем, как этот предмет выглядит по-настоящему, или предложить муляж, а уже потом – картинку. Ведь если внимание малыша не обращать на смену времён года, он не узнает всё это на иллюстрации.

Монтессори предлагает двигаться естественным путём от конкретного к абстрактному. Само изображение на картинке должно быть максимально приближено к реальному виду предмета или живого существа. Как часто приходится видеть рядом слона и бабочку одного размера или синюю корову, сидящую на пенёчке. Подобные изображения искажают представления ребёнка, в дошкольном возрасте он ещё не умеет без чужой помощи отделять реальность от выдумки.

Ещё одна распространенная ошибка, с точки зрения педагогики Монтессори, состоит в том, что авторы книг для детей считают неважным отделить млекопитающих от насекомых, или рыб от птиц, или предметы одежды от транспортных средств.

Два принципа заложила Мария Монтессори в основу своего карточного материала. Она справедливо считала, что ребёнку важно предложить упорядоченный классифицированный материал. Этот порядок поможет ребёнку не блуждать в лабиринтах хаоса, а стать творцом, то есть человеком, умеющим создавать что-то новое.

Не менее важно, чтобы это было сделано на научной основе. Ведь можно классифицировать животных как больших и маленьких, а можно так, как принято в зоологии: млекопитающие, рыбы, птицы и т. д.

Как работать с картинкой

Далее вы найдёте картинки по двум темам – развитие и семья. В принципе у Монтессори эти темы решаются на карточном материале, с карточками удобнее проигрывать варианты. Такие карточки нужны для развития словарного запаса, связной речи и логического мышления. Но вы можете поработать с ребёнком и на иллюстрации.

Развитие. Покажите ребёнку первый разворот («Развитие подсолнуха»). Коротко расскажите о развитии подсолнуха (яблони, человека...), по ходу рассказа обращая внимание на тот или иной этап развития (семечко, проросшее семечко, росток...).

История, рассказанная взрослым, не должна быть многословной (чтобы ребёнок мог позже пересказать её), хотя должна быть эмоционально окрашенной (это позволит лучше запомнить). Важно также не забывать о научной основе каждой из историй. Мы намеренно не даём тексты этих рассказов. Каждому из нас по силам сочинить такую историю. Естественно, в случае с человеком варианты аистов, капусты, магазина не годятся. Придётся быть с ребёнком откровенным и объяснить, что человек, как и все живые существа, родится от живого же существа и развивается у мамы в животе.

Семья. На примере семей домашних и диких животных вы будете изучать название каждого взрослого животного, детёныша и затем объедините их понятием «семья». Напомним, в педагогике Монтессори введение новых понятий обычно происходит в виде короткого трёхступенчатого урока.

1 ступень. Покажите ребёнку страничку с изображениями животных одной «семьи» Показывая малышу соответствующую маленькую картинку, объясняйте: «Это корова, это бык, это телёнок».

2 ступень. Она должна быть самой длительной, чтобы ребёнок хорошо запомнил «имена» животных. Поиграйте с малышом в игру, где взрослый, рассказывая историю, часто повторяет названия членов семьи. Папа-бык пошёл к воде, мама-корова кормит телёнка... Когда вы поймёте, что малыш изучил названия, переходите к следующей ступени.

3 ступень. Указывая поочередно на каждую из трёх картинок, спросите: «Кто это?» Если малыш путается в названиях, вернитесь на предыдущую ступень и ещё немного поиграйте. Когда ребёнок изучил всех животных одной группы, обведите рукой трех животных и назовите: «Семья». С этим понятием также можно знакомить посредством трёхступенчатого урока.

РАЗВИТИЕ ПОДСОЛНУХА

Подросший подсолнух

Росток

Семечко

Подсолнух цветет

Проросшее семечко

Подсолнух с плодами

РАЗВИТИЕ ЯБЛОНИ

Саженец

Росток

Семечко

Взрослая яблоня

Проросшее семечко

Яблоня с плодами

РАЗВИТИЕ БАБОЧКИ

Куколка

Взрослая гусеница

Яйцо

Появление бабочки

Появление гусеницы из яйца

Взрослая бабочка

РАЗВИТИЕ ЧЕЛОВЕКА

Подросток

Младенец

Зародыш

Взрослый

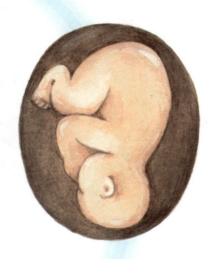

Плод

Старик

СЕМЬЯ ЛЬВОВ

Львица

Лев

Львёнок

СЕМЬЯ МЕДВЕДЕЙ

Медведь

Медведица

Медвежонок

СЕМЬЯ ЛОСЕЙ

Лось

Лосиха

Лосёнок

СЕМЬЯ КОРОВ

Бык

Корова

Телёнок

СЕМЬЯ ЛОШАДЕЙ

Жеребец

Кобыла

Жеребёнок

СЕМЬЯ ГУСЕЙ

Гусь

Гусыня

Гусёнок

Упражнения и игры для развития родного языка

В качестве дополнительного материала представляем дидактические игры – результат коллективного опыта детских садов, работающих под научным руководством Московского Центра Монтессори.

При выполнении этих упражнений желательно, чтобы ребёнок имел в руках или перед глазами конкретные предметы, о которых идёт речь, или муляжи, картинки, фотографии и т.п.

Прямая цель упражнений: развитие речи, её звуковой культуры и грамматического строя, пополнение пассивного и активного словаря.

ПРАВИЛЬНОЕ ПРОИЗНОШЕНИЕ, ДИКЦИЯ И АВТОМАТИЗАЦИЯ ЗВУКОВ

МУХА

Взрослый отчётливо проговаривает стихотворение и показывает движения, соответствующие стихотворным строкам, ребёнок повторяет:

Летит муха вокруг уха: ж-ж-ж…
Летят осы вокруг носа: с-с-с…
Летит комар вокруг головы: з-з-з…
Сел на лоб.
Мы его – хлоп! – И к уху.
Он там: ш-ш-ш…
Отпустили.

ВЕТЕРОК

Взрослый отчётливо проговаривает стихотворение и показывает движения, соответствующие стихотворным строкам, ребёнок повторяет:

Веет тёплый ветерок: ш-ш-ш…	руки подняли и покачали;
Тучки пригнал: ч-ч-ч…	собирающие движения;
Дождик закапал: кап-кап-кап…	пальцами потрясли;
Лужа большая – вот такая!	показываем величину;
Вышла уточка гулять: кря-кря-кря…	«переваливаемся»;
А за ней курочка: ко-ко-ко…	хлопаем крылышками;
Кого курочка зовёт: цып-цып-цып?..	крутим головами – ищем;
Цыплята запищали: пи-пи-пи…	показываем цыплят;
Запрыгали лягушки: ква-ква-ква…	прыгаем по-лягушачьи;
Пришла коровушка: му-у-у…	делаем рожки;
Пришла лошадка: и-и-и-го-го…	скачем;
Прибежала собачка: гав-гав-гав…	сели по-собачьи;
Все испугались и разбежались.	бег.

РАЗВИТИЕ ФОНЕТИЧЕСКОГО СЛУХА И СЛУХОВОГО ВНИМАНИЯ

ГДЕ ЗВУК?

Поиск заданного звука в слове. Есть ли он вообще в данном слове? Более сложное задание для старших детей: определить, где звук находится: в начале, в середине или в конце слова.

Поиск первого и последнего звука в предложенных словах.

Ещё одно задание: определить, у кого в имени (фамилии) есть данный звук.

САМОВАР, СОБАКА, СУМКА

Поиск слов (предметов, изображений на карточках), начинающихся на одну букву (звук).

Можно использовать специальный ящик с отделениями, где написаны буквы.

ПОХЛОПАЕМ

На определённый звук хлопнуть в ладоши.

Варианты: узнать в перечисляемых цифрах (цветах и т.д.) определённую цифру (цвет и т.д.) и хлопнуть в ладоши. Взрослый может сам придумать разнообразные версии этого упражнения, например, заменить хлопки прыжками или поднятием руки.

СОРТИРОВКА ПО ЗВУКАМ

Сортировка слов по начальной, конечной, средней букве (звуку).

Работа проводится с предметами и картинками.

Можно использовать специальный ящик с отделениями, где написаны буквы.

ПРИДУМЫВАЕМ СЛОВО

- Придумывание слов, в которых есть определённый слог.
- Придумывание слов, близких по звучанию (например, «сон – сом», «дом – дым», «пушка – сушка» и т.п.)
- Придумывание слов, близких не только по звучанию, но и по смыслу (например, «птичка – синичка»).

ЗАПРЕТНЫЕ СЛОВА, ЦИФРЫ И ДВИЖЕНИЯ

Взрослый сообщает ребёнку, что он не должен реагировать на определённое слово (цифру или, например, команду «руки на пояс»), и затем даёт «запретное» слово, (цифру или команду) в числе нескольких других.

РАЗВИТИЕ РЕЧЕВОГО ДЫХАНИЯ

Для работы над речевым дыханием взрослый может использовать традиционные гимнастические упражнения и игры из методической литературы («Пузырь», «Дровосек», «Насос», «Одуванчики» и т.п.).

ЧТО ЗА ЧЕМ?

Перечислить, из каких этапов состоит какое-либо действие. Например, «шить» или «варить».

КТО ЭТО ДЕЛАЕТ?

Назвать, что или кто может: летать, свистеть, бежать, плавать, скакать, прыгать, танцевать, петь, кукарекать, выть и т.д.

КОМУ ЭТО НУЖНО?

Кому что нужно: самолёт – лётчику, швейная машинка – портнихе и т.д. И обратный вопрос: что нужно для работы учителю, моряку, пожарному, врачу, шофёру, ткачу, повару и т.д.

Кто сделал эти предметы: костюм, пирог, дом, машину, сок и т.д.

Из чего что сделано? (Например, стол, книга, одежда.)

Усложнённый вариант: назвать части целого (предмета). Например, у дерева есть корни, ствол, ветки, листья. А что есть у машины?

КТО ЧТО ДЕЛАЕТ?

Кто что делает? (Повар – жарит, варит, печёт, строитель – ... и т.д.)

Что мы делаем с посудой, одеждой, полом?..

КОГДА ЭТО БЫВАЕТ?

Когда это бывает: на лыжах катаемся; в реке купаемся?

Вариант: что бывает (что мы делаем) летом, зимой?

Альтернативные вопросы: рыбы летают или плавают? и т.д.

КРАСКИ

Материал: цветные таблички. Взрослый раздаёт детям таблички.

Задание: дети, получившие красную табличку, ассоциируют себя с красными предметами, например: «Я мак, я огонь». Дети, получившие жёлтые таблички, соответственно говорят: «Я цыплёнок, а я солнце».

ЗАГАДКИ

Место, где продают лекарства? (Аптека).

Сильная метель, снежная буря? (Вьюга).

Часть суток от конца дня до начала ночи? (Вечер).

В случае метафорических загадок важно, чтобы отгадавший ребёнок аргументировал свой ответ. Позднее можно предложить детям самостоятельно придумывать загадки.

КТО ЭТО?

Ходит, жуёт, мычит... Летает, клюёт, прыгает... Ползает, шипит, жалит...

ЧТО ГДЕ НАХОДИТСЯ?

Сахар – в сахарнице.

Хлеб – в ... (Далее по аналогии: масло, книги, игрушки, соль, сухари и т.д.)

НАЙДИ И ИСПРАВЬ ОШИБКУ

У птицы крылья большие, а у бабочки цветные.
Лист клёна резной, а лист рябины зелёный.

КТО КЕМ БУДЕТ?

Яйцо – цыплёнком. Зёрнышко – ... Гусеница – ...

СЕМЬИ

Перечислить членов «семей» зверей и птиц (лев, львица, львята; ворон, ворониха, воронята).

МНОГОЗНАЧНЫЕ СЛОВА

Взрослый предлагает ребёнку сказать, что такое «ручка». (Ручка бывает у человека, у двери, у чашки, ручкой мы пишем и т.д.) Возможны наводящие вопросы.

СИНОНИМЫ

– Я скажу слово «высоко», а ты ответишь «низко». Я скажу: «далеко», а ты – ... .

Возможно использование разных частей речи: наречий «далеко – близко», прилагательных «узкий – широкий», существительных «день – ночь», предлогов «над – под».

ОБОБЩЕНИЕ И КЛАССИФИКАЦИЯ

Взрослый говорит: «Мебель», а ребёнок называет какой-нибудь предмет мебели.

Упражнение выполняется наоборот. Взрослый называет одно или несколько видовых понятий, а ребёнок – родовую категорию.

- *Игра «Я знаю пять ...»* Взрослый предлагает назвать по пять предметов из каких-либо родовых категорий. Например, пять профессий, предметов мебели, одежды, продуктов и т.д. Образец: «Я знаю пять фруктов: это – апельсин, банан, яблоко, груша, персик. А ты?»
- *Игры «Третий лишний», «Четвертый лишний».* Эти игры могут проводиться как на слух, так и с использованием предметов и картинок. Важно, чтобы ребёнок обосновал свой ответ, употребив родовое понятие.
- *Что изменилось?* Ребёнок отвечает по образцу на вопросы типа: была длинная лента, а стала короткая, что изменилось?
- Учитель предлагает назвать одним словом стол и стул; вазу и чашку и т.п. Затем обсудить, чем эти предметы отличаются. Дети раскладывают в произвольном порядке несколько наборов карточек для классификации, затем делятся на группы, каждая группа собирает свою категорию на время. Затем проводится общий контроль с обсуждением правильности выбора. Взрослый присоединяется к наиболее слабой группе.

ФОРМИРОВАНИЕ ГРАММАТИЧЕСКОГО СТРОЯ РЕЧИ МОРФОЛОГИЯ

СКОЛЬКО СЛОВ?

Цель. Дать понятие о слове.
Материал. 5-6 предметов (кукла, карандаш, куб, мяч и т.п.).

Взрослый просит ребёнка назвать предметы. Ещё раз повторяются названия с опорой на предметы. Взрослый говорит: «Теперь называть предметы буду я. Послушайте, сколько я скажу слов». Он произносит: «Дом, цветок. Сколько слов я сказал? Какое первое слово? Какое второе? А сейчас сами придумайте по одному слову». Дети придумывают по одному, затем по два слова. Взрослый следит за тем, чтобы слова не соединялись союзом «и». Возраст: около 3 лет.

КОМУ ЧТО НУЖНО?

Склонение существительных единственного числа.

Упражнение проводится с предметами и без них. Предлагается несколько разнородных существительных и отрабатывается какой-либо падеж. Дети поочерёдно или в произвольном порядке отвечают на вопросы по образцу:

- Чего не стало? (ведра, пирамидки, мячика);
- Кому что нужно? (самолёт – лётчику, юбка – девочке);
- Кто чем питается? (кошка – молоком, овечка – травой);

НА ВИТРИНЕ АПЕЛЬСИНЫ

Окончания существительных множественного числа в родительном падеже.

- Упражнение с картинками «Чего не стало» (чулок, носков, блюдец, апельсинов);
- Упражнение с картинками «Закончи предложение». Пример: «Стоит много… (кресел). На вешалке много… (полотенец)».
- Работа по образцу: «На витрине – апельсины, мне не нужно апельсинов».

У ЛИСЫ – ЛИСЯТА, А У ЛЬВИЦЫ – ЛЬВЯТА

Детёныши животных во множественном числе.

- Работа с картинками. Дети получают картинки, на каждой из которых изображено несколько детёнышей животных, и по очереди называют их.
- Работа с мячом. Получивший мяч отвечает по данному образцу на вопрос типа: у лисы – лисята, а у львицы?

НАЗОВИ, КАКОЙ

Род существительных.

Род существительного определяется по согласованному с ним прилагательному, числительному «один» или притяжательному местоимению.

- Работа с предметами или картинками.

  Взрослый с детьми раскладывает предметы или картинки по родам. Образец: один карандаш – одна книга – одно яблоко; красный помидор – чёрная шапка – голубое ведро. Словосочетания произносятся вслух.

- Упражнение «Назови, какой».

  Работа с предметами, картинками или на слух. Взрослый обращается к детям с вопросами: «Как сказать про дерево, какое оно? (цветущее, пожелтевшее и т.д.). Как сказать о снеге, какой он?» (белый, грязный).

- Подбор существительного к прилагательному.

  Вариант для старших детей. Взрослый говорит: «Красный бант, красный карандаш… О чём ещё можно сказать – красный?» Окончание прилагательного подчёркивается интонацией. Для читающих детей можно предложить работу с заранее приготовленными карточками с существительными для раскладывания на три столбика или с существительными и прилагательными – для соотнесения.

- Вопросы-загадки.

  Выделяя интонацией окончание прилагательных, спрашивайте: «Голубое, кружевное, нарядное – что это, платье или кофта?»

ЕЩЁ ВКУСНЕЕ

Сравнительные степени прилагательных.

Предлагается детям закончить предложения: «Лента длинная, а скакалка ещё длиннее. Печенье сладкое, а мёд… Сегодня погода хорошая, а завтра будет ещё… и т.п.»

Затем возможна работа только с прилагательными без контекста.

ЧТО ДЕЛАТЬ ЭТОМУ ФАНТУ?

Глагольные формы.

- Кто что делает?

  Взрослый подзывает одного ребёнка и шёпотом просит его начать, например, рисовать. Другому ребёнку даётся шёпотом другое задание. Остальных детей спрашивает: «Что делает Саша?» Дети называют действия: рисует, сидит, играет, думает.

  Взрослый говорит: «Вы назвали много разных слов: «прыгает, танцует, играет…» Какое было первое слово? Какое – второе? Ко всем этим словам можно задать вопрос: что делает? Эти слова обозначают действия. Теперь я буду называть действия, а вы – ставить к ним вопросы».

  Взрослый употребляет глаголы в разных лицах, временах и числах. Возраст: около 4,5 лет.

- Взрослый, используя картинки или на слух, предлагает детям окончить предложения на одну из трудных глагольных форм. Например: «Эта девочка хочет петь, и все остальные тоже... хотят. Эти спортсмены бегут, и этот тоже... что делает?»

ФОРМИРОВАНИЕ РАЗГОВОРНОЙ РЕЧИ
БЕСЕДА

Этот вид работы может быть включен как в раздел развития родного языка, так и в раздел космического воспитания. Беседа может быть итоговым занятием в рамках какого-либо проекта, связана с текущими событиями, такими как смена времён года, праздники, или иногда возникать спонтанно. Приведём примеры.

БЕСЕДА НА ТЕМУ «УСЛОВИЯ И РАЗВИТИЕ ЖИЗНИ НА ЗЕМЛЕ»

Цель. Формирование разговорной речи; космическое воспитание.
Материал. Круглый поднос, некоторое количество земли в специальном мешочке, разноцветные платки – жёлтый, синий и прозрачный, фигурки или карточки с изображением растений и животных.

Учитель и дети сидят на линии на стульчиках или на полу. Учитель предлагает детям по очереди пощупать землю в завязанном мешочке, поделиться своими ощущениями, отгадать, что там может быть.

Учитель высыпает землю на стоящий в центре поднос. Вопрос: может ли что-нибудь вырасти на этой земле? Почему не может? Что нужно для того, чтобы выросло? Дети отвечают: «Вода». Учитель достаёт синий платок и кладёт его с одного края подноса; «Солнце» – кладётся жёлтый платок; «Воздух» – прозрачный платок.

На земле появляются растения. Какие мы знаем растения? Дети по очереди отвечают: деревья, кусты, трава, цветы... Каждый ответивший приносит соответствующие фигурки или карточки и кладёт их на землю.

Кто ещё живёт на Земле, кроме растений? Дети отвечают: люди, животные, птицы, рыбы. Учитель сообщает о том, что первыми появились рыбы, потому что в воде были все необходимые вещества для рождения и питания. Учитель просит детей принести фигурки или изображения рыб и разложить их на синем платке. Можно спросить, какие бывают рыбы (морские, речные), их названия.

Учитель говорит о том, что постепенно некоторые рыбы переселились на сушу. Вводится или повторяется понятие «земноводные». Какие это животные? Дети отвечают: «Крокодилы, черепахи, лягушки, некоторые змеи». Они приносят соответствующие фигурки или картинки и кладут их на границу между «землей» и «водой».

Аналогичным образом беседа идёт дальше. Можно более подробно остановиться на некоторых категориях животных. Возраст: 5-6 лет.

БЕЗ КАПРИЗОВ И ОБИД

Тексты для ребенка читает взрослый.

ИСТОРИЯ,

в которой мы узнаём, что плакать, ругаться и обижать кого-то плохо, и как быть, если у нас по-другому не получается

Хитрая пуговка

Наступило утро. Проснулись дети, проснулись их любимые игрушки. На кровати, на синем одеяле сидит рыжий медвежонок. Посмотри, какой у него славный бантик. Какого цвета мишкин бантик? Погладь мишутку.

Около кровати на полу – симпатичный зайка. Он начал делать зарядку, но остановился и с удивлением смотрит на Аню. Мишка тоже удивился. Как думаешь, почему? Аня свой жилет неправильно застёгивает. Мама это видит, но почему-то молчит. И кот один глаз приоткрыл, но делает вид, что ни-че-го не видит.

Если маленький ребёнок пытается сам себя обслужить, наберитесь терпения и не спешите ему на помощь. Обязательно похвалите его за усердие и объясните, что у малыша получилось не совсем так: «Хитрая пуговица решила влезть в чужую дырочку», «Озорной башмачок наделся не на ту ногу» и т.п.

Кто вымазал мишку вареньем?

На столе красивая голубая скатерть с каймой. Дети завтракают. Митя с удовольствием ест кашу с вареньем. А Аня?.. Аня не хочет есть сама, отодвигает от себя тарелку. Мама не сердится на Аню. «Давай я тебя сегодня покормлю. Хочешь?»

Ой! А кто мишку кашей и вареньем вымазал? Это его Аня так кашей кормила. Обидела мишеньку. Он кашу с вареньем лю-ю-бит. Но зачем же его насильно кормить?

Пожалей медвежонка, дружок! Вытри ему рот и лапы салфеткой. Погладь, успокой.

Не кормите ребёнка насильно. Пользы не будет, а отвращение к еде может появиться.

Если ребёнок, который умеет есть самостоятельно, вдруг начинает капризничать и попросит покормить его, не сердитесь. Уступите ему. Он или устал, или плохо себя чувствует.

Старайтесь сделать еду привлекательной, украшая блюдо нехитрым узором из ягод, овощей, фруктов.

У кого мокрые штанишки?

Аня с мишкой сидят на горшках, разговаривают. Какие молодцы! У Ани большой горшок, у мишки горшок поменьше. А Митя? Митя заигрался... и на полу лужа. Зайка щупает свои брючки. Вдруг они тоже мокрые?
«Не волнуйся, зайка. Брючки у тебя сухие».

Митя расстроен, вот-вот заплачет. Давай пожалеем его: «Не огорчайся, Митя! У всех маленьких детей иногда бывают мокрые штанишки». Скажи: «Сейчас придёт мама и поменяет тебе штанишки».

Не ругайте малыша, не успевшего добежать до горшка. Постарайтесь выразить уверенность в том, что скоро всё образуется.

Обращаясь к невостребованному горшку, скажите:
«Не сердись, горшок! Митя про тебя не забыл. Он не успел добежать до тебя. Митя к тебе обязательно сегодня придёт. Вот увидишь!»

Хорошо играть вместе!

Ты любишь бегать, прыгать, лазать, правда? Все дети любят. Аня залезла под стул. Будет пролезать туда-сюда, сюда-туда. А ты умеешь пролезать под стулом?

Покажи, как ты это делаешь. Митя сидит на взрослом стуле. Ему весело, он что-то громко кричит. Розовый зайка падает и хохочет. Хорошо играть вместе! Ве-се-ло!

60-80% своего времени ребёнок должен двигаться. Если вы ограничиваете возможность малыша бегать, прыгать, лазать, ползать, подлезать, перелезать и т.п., то причиняете огромный вред его здоровью. Одевайте ребёнка так, чтобы не журить его за испачканные или порвавшиеся вещи. Одежда ребёнка должна быть прежде всего удобной и практичной.

Какой безобразник!

Хорошо играть в песочнице! Интересно!

Девочки насыпают в ведёрко песок и ведёрко опрокидывают. Стараются, трудятся! Сейчас получится большой кулич. А Митя набрал песка в совок и высыпает его на девочку с косичками. Ай-яй-яй! Ай-яй-яй! Песок может попасть девочке в глаза. Она заплачет. Некрасивая история. Нельзя так делать. Зачем Митя так поступает?

К сожалению, маленькие дети часто обижают друг друга. Они ещё слабо разбираются в том, что плохо, а что хорошо. Поэтому не ругайте обидчика. Чётко и спокойно скажите: «Нельзя драться! Нельзя обсыпать песком детей! Стыдно отнимать игрушки!»

Кто что делает?

Мама – большая выдумщица. Она сшила мешочки, а в мешочки положила всякую всячину. Видишь мешочек на диване? В нём лежат пуговицы (покажи их), клубочек, катушки ниток и что-то ещё...

Митя и его любимый зайка на полу сидят, мешочки на коленках держат. Митя свой мешочек уже развязал. Что в нём, как ты думаешь? Мама сидит в большом мягком кресле и разговаривает по телефону. Аня мешает маме. Она кричит: «Дай мне трубку, дай!» Громко кричит! Мишка за кресло спрятался. Он не любит, когда Аня кричит и капризничает.

Ваше благополучие, уважаемые взрослые, и благополучие вашего ребёнка во многом будет зависеть от того, научите ли вы его занимать себя и некоторое время находиться наедине с собой и своими игрушками. Научившись манипулировать интересными игрушками и постоянно выслушивая восхищение взрослых тем, какой он стал самостоятельный, малыш действительно сможет сам находить себе дело.

Не уходи!

Маме надо уйти по делам, а Митя её не отпускает. Посмотри, как горько Митя плачет. Давай ему скажем: «Не плачь, Митя, мама скоро вернётся». Как ты думаешь, почему Митя так расстроился?

Аня зовёт Митю играть. «Посмотри, – говорит она, – какая красивая картинка. Давай её соберём».

– Я скоро вернусь, – обещает мама. – А вы соберите для меня картинку и, когда я вернусь, покажете, что успели сделать. А пока с вами побудет бабушка.

Ты тоже огорчаешься, когда мама уходит? Но ведь она всегда возвращается, правда?

Разлука с родителями, особенно с мамой, – наиболее частый источник тревоги для вашего малыша. Он чувствует себя беззащитным и слабым. Успокойте его, поговорите о тревожащих его чувствах, о его страхе. Даже если ваши слова не утешат ребёнка в настоящий момент, они смягчат его тревогу и обязательно дадут, пусть и отдалённый, результат – ощущение эмоционального комфорта. Если ребёнок с трудом расстаётся с вами, попробуйте оставлять его, увеличивая время разлуки постепенно, и обязательно определяйте срок своего возвращения понятными для малыша словами, как это сделала мама Ани и Мити.

Я лучше!

Нет, ты только посмотри! Что это такое? Неужели Аня и Митя дерутся? Ой, как некрасиво!

– Ты плохая, – кричит Митя Ане, – ты взяла моих солдатиков!

– А ты испортил платье моей дочке! – плачет Аня. – Я пожалуюсь папе.

– Ябеда! – грозит Митя Ане кулаком.

Игрушкам очень грустно. Им нравится, когда Аня и Митя дружно играют и не ссорятся. Кот очень испугался. Давай скажем коту: «Не бойся, котик, Аня и Митя обязательно помирятся. Они любят друг друга».

А ты часто ссоришься и дерёшься?

Зачастую маленькие братья и сестры не ладят друг с другом, отчаянно дерутся, кусаются, ругаются. Это вызвано тем, что дети ревнуют друг друга к родителям. Чувство ревности сопровождается сильным страданием, тревогой, страхом утраты родительской любви. Это приводит к возникновению враждебности. Преодолеть такой сложный период вам поможет последовательная воспитательная политика. Против страха утраты любви мамы и папы есть только одно лекарство – показывать малышу свою любовь постоянно и быть последовательным в своих требованиях к ребёнку. Это значит как можно реже раздражаться и расстраиваться из-за мелких неприятностей. Запрещая детям агрессивные действия в отношении друг друга, обязательно говорите с ними об их чувствах: «Я знаю, что ты сейчас злишься на Митю, но я не хочу, чтобы ТЫ сделала ему больно. Митя тебя любит, а ты любишь его, потом тебе будет стыдно».

Грустно

Игрушки собрались вокруг Мити, смотрят вместе с ним картинки в книжке. Митя рассказывает им сказку. Митя и Аня, как и ты, любят сказки и книжки с картинками.

В другой раз Аня с удовольствием посмотрела бы новую книжку вместе с братом. А сейчас ей почему-то грустно и ничего не хочется. Как ты думаешь, что случилось? Почему она сидит совсем одна и ни с кем не разговаривает?

Почему Аня грустит? Может быть, её что-то беспокоит? Или она на кого-то обиделась? Давай пожалеем Аню, погладим её: «Не печалься, Аня, всё будет хорошо, ведь тебя все любят». А что делаешь ты, когда тебе бывает грустно?

Процесс взросления даёт много поводов вашему малышу испытывать разочарование, беспокойство, тревогу, страдание, страх, вину, стыд, беспомощность. Часто это связано с недовольством собой, недостаточным вниманием со стороны родителей, ссорой с братом или сестрой, любимым другом или подружкой. Тяжелые чувства приводят к тому, что ребёнок замыкается в себе, избегает общения, подавлен. Приласкайте его, расскажите историю про маленького ребёнка или любимого сказочного персонажа, которого что-то беспокоило. Обсудите с ребёнком причины его плохого настроения. Попытки смягчить боль и страдания малыша всегда себя оправдывают.

Ой!

Каждый день Аня и Митя узнают новые слова. Много слов. Ты тоже? Хорошо. Какое новое слово тебе очень нравится? Почему?

Посмотри, кажется, Аня сейчас что-то не то сказала. Так ведь бывает, правда? Дети иногда говорят плохие слова.

Мама не ожидала, папа тоже. Митя уже знает, почему не все слова можно говорить, и игрушки знают. А ты?

Когда чадо начинает «пробовать на язык» бранные слова, родители сталкиваются с вечным вопросом: «Как бороться?». Во-первых, будьте примером ребёнку, слышать такое он должен не от вас. Во-вторых, не забывайте, что для ребёнка бранное слово – просто новое, как любое другое, он не понимает его смысла. Дальнейшее зависит от ваших дипломатических талантов. Старайтесь не акцентировать внимание на этих высказываниях малыша, не возмущаться: не исключены ситуации, когда ребёнок, заметив негативную реакцию родителей, специально произносит нецензурные слова, провоцируя. Объясняйте, что не все слова достойны употребления в речи. Похоже, что эти родительские объяснения – работа постоянная, поскольку оградить малыша от «окружающей среды» мы не можем. Но в нашей власти привить ребёнку неприязнь к вульгаризмам и бранным словам.

Хвастунишка

К Ане и Мите подружка пришла в гости. Посмотри, какое красивое на ней платье. Ане платье подружки очень понравилось.

О чем это Митя рассказывает девочкам? Сегодня он помогал папе чинить машину. Митя фонарик держал, тряпку, инструменты подавал. Посмотри внимательно на маленький рисунок, разве Митя так рассказывает? Из его рассказа получается, что он всё сделал сам, а папа – рядом стоял. А ты часто хвастаешься?

Девиз кризиса трех лет: «Я сам!» может сыграть с вашим ребёнком злую шутку. Возможности малыша, по сравнению с более ранним возрастом, возрастают, но не настолько, как ему хотелось бы. Хвастаясь, ребёнок выдает желаемое за действительное: это в своих фантазиях он лучше, чем на самом деле, он обладатель сверхвозможностей. На самом деле у малыша есть много путей для реализации своих фантазий, кроме хвастовства. Прежде всего, это игры. И, конечно, сочинительство. Пусть ребёнок придумывает сказки, лучшие из которых можно даже вместе проиллюстрировать. В этой совместной деятельности, думаем, вы найдёте способ направить фантазию малыша в нужное русло. Кроме того, и сами не забывайте рассказывать хвастливому чаду истории и сказки, в которых хвастуны постоянно оказываются в невыгодных положениях. Дети очень сообразительны.

Не сердись, бабуленька!

Что происходит в прихожей? Бабушка приходила в гости, а теперь уходит. Митя прощается с ней, прижался к бабушке.

А Аня? Аня от бабушки отвернулась. Сер-ди-тая! Мишка на полу сидит, задумался. Ему жалко Аню. Мишка знает, как сильно Аня любит бабушку. Она не хочет, чтобы бабуленька уходила.

Дети часто поступают, как Аня. Они обижаются, сердятся, кричат, а иногда даже пытаются вытолкнуть любимого гостя за дверь. Малыши ещё не умеют объяснять то, что их беспокоит, и «по-взрослому» выражать свои чувства. Не судите их строго. Они не хотят, чтобы гость ушёл, особенно близкий и любимый. Спокойно объясните ребёнку, что взрослый тоже не хочет уходить от него, но дома осталась кошечка, её пора кормить. Она сидит одна и жалобно мяучит.

Ещё почитай

Мама читала Ане и Мите сказку. Кто слушал сказку вместе с детьми? (Мишка, зайка, Петрушка, котик.) Сказка закончилась, мама говорит: «Вот и сказки конец, а кто слушал – молодец». Смотри, Митя уже встал со своего места и пошёл к игрушкам, которые его ждут. Кот побежал за ним. Аня просит маму прочитать сказку ещё раз. И мишка с зайкой тоже хотят снова послушать сказку. «Анечка, – говорит мама, – я уже три раза сегодня тебе читала про трёх поросят». Что отвечает ей Аня? «Ну ещё только один разик!» Как ты думаешь, мама согласится? А у тебя есть самая любимая сказка? Какая?

Когда ребёнок просит многократно перечитывать или пересказывать одну и ту же сказку, наберитесь терпения. Выбор ребёнком любимой сказки – процесс таинственный и чрезвычайно важный. Слушая её, ваш малыш решает серьёзные задачи: усваивает жизненно важную информацию, находит собственный выход из проблемных ситуаций, начинает лучше понимать себя, свои желания, эмоции и чувства. Многократное повторение одной и той же сказки помогает ребёнку справиться с внутренними конфликтами, повышает его уверенность в себе и своём будущем. К тому же, если сказка завладела вниманием ребёнка, она активизирует его любознательность, стимулирует воображение и развивает интеллект. Поэтому повторяйте столько, сколько потребуется.

Какая упрямая!

Аня решила помочь маме. Взяла лейку и стала поливать цветы. Она очень старалась. Ой-ой-ой, посмотри, что случилось: всё в воде. Цветы сначала обрадовались водичке, а потом загрустили. И котик недовольно отряхивается. Он не любит, когда мокро. «Аня, – говорит мама, – спасибо, дочка, хватит. Посмотри, цветам плохо». Но Аня всё равно продолжает. Вода льётся через край. Покажи, где вода капает на пол. Митя бежит с тряпкой. «Какую сырость развели», – сокрушается мишка. «Что за упрямая девочка», – вздыхает мама.

Ваш ребёнок упрямо настаивает на своих решениях или требованиях, не слушая ваших доводов? Значит, вас можно поздравить с важным событием в жизни ребёнка: он начинает осознавать свою личность и хочет, чтобы с ней считались. Не потакайте малышу в его капризах, но и не злоупотребляйте родительской властью, обязательно давайте понять, что уважаете его желания и решения.

Ябеда

В гости к Ане и Мите пришли бабушка с дедушкой. Принесли к чаю торт и варенье. Ты любишь варенье? Аня с Митей тоже любят. Мама с папой очень обрадовались гостям. Смотри, папа открыл большую коробку конфет. Покажи, какая она большая. Ой, а где же конфеты? Сколько конфет осталось в коробке? Покажи на пальчиках. Это Аня с Митей, когда родителей не было дома, съели все конфеты. Знаешь, как было дело? Мите очень захотелось конфет, и он достал коробку из буфета. Он знал, что конфеты есть нельзя. И Аня тоже знала.

Сначала они съели по одной конфете, потом ещё по одной... Сколько, ты говоришь, осталось конфет в коробке?

Смотри, Аня тоже ела конфеты, а ябедничает. Можно подумать, что Митя один виноват. Зайка сидит печальный, ушки опустил. Как ты думаешь, ему конфет жалко? Или грустно, что Аня ябеда?

Признание своей вины для ребёнка равносильно подвигу. Так это и должно расцениваться родителями. По мере возможности, поощряйте его «чистосердечные признания». Это ни в коей мере не относится к ябедам. Ябедничать нехорошо, – этот постулат должен быть твёрдо усвоен вашим малышом. Призовите на помощь свою фантазию и выдумку, потому что наказания и запреты в этом деле вам не помогут. Например, расскажите ребёнку сказку про ябеду и предложите придумать к ней продолжение.

Капризуля

У Мити и Ани были в гостях дедушка и бабушка. Они остались на ужин, потом все вместе пили чай. Посмотри, как много грязной посуды. Мама быстро всё помоет, но ей надо помочь убрать посуду со стола. Кто помогает маме? Аня помогает. Она несёт тарелку. Осторожно несёт, потому что тарелка может разбиться, если её нечаянно уронить на пол. Что это папа просит Митю отнести в мойку? Правильно, ложки. А Митя? Митя решил покапризничать.

— Не хочешь помогать — не надо, — говорит папа. — Справимся без тебя. Но потом мы будем играть в лото. Ты играть с нами тоже не будешь?

Как ты думаешь, что ответит Митя?

Стремление к самостоятельности и независимости зачастую может проявляться и в отказах ребёнка выполнять ваши просьбы. Отнеситесь к этому с пониманием. Тем более в случаях, когда отказы сопровождаются всплесками капризности и плаксивости. Это свидетельствует о дискомфорте, который переживает ваш малыш в связи с ситуацией, в которую он себя поставил.

Дайте ему возможность самому принять правильное решение. Поощряйте стремление ребёнка найти выход из сложившейся ситуации и обязательно обсудите с ним случившееся. Скажите малышу, что вы очень рассчитывали на его помощь и обескуражены отказом.

Что хочет Аня?

Мальчики играют в мяч. Покажи мяч. Какого он цвета? Молодец. А где Аня? Аня рядом с мамой. Она играла вместе с мальчиками, и вдруг ей захотелось к маме: прижаться, обнять крепко-крепко. Покажи, как Аня обнимала маму. Мальчики снова зовут Аню играть. Вместе – интереснее. Смотри, Аня уже сползает с маминых коленей, ей не терпится включиться в игру. Как ты думаешь, Аня снова прибежит обнять маму?

Во время прогулки ребёнок то убегает от мамы играть с другими детьми, то возвращается, просится на колени, прижимается, требуя внимания и ласки. Но только усядется рядом, снова вырывается из объятий и убегает играть. И так раз за разом. Как бы это ни было утомительно, постоянно демонстрируйте свою готовность отпустить ребёнка и принять обратно. Конечно, ваш малыш пока ещё испытывает потребность в физическом контакте с вами. Но перед ним уже встали новые задачи, которые он пытается решить с вашей помощью. Прыжки на ваши колени и с коленей – это своеобразная проверка «тылов»: детка проверяет, надежны ли эти его «тылы», чтобы можно было безбоязненно идти навстречу новым отношениям. С чуткостью относитесь к чередованию потребностей ребёнка в близости и самостоятельности, независимости. Если малыш чувствует, что окружающий мир надёжен и прочен (а это ощущение ему дают прежде всего родители), то и его взаимоотношения со сверстниками и в детском саду, и в школе будут складываться свободнее, легче.

Купи!

Аня и Митя с мамой и папой гуляют. Погода хорошая, светит солнышко. Аня взяла с собой свою куклу. Покажи её. А что у Мити? Да, у Мити лошадка. Мама с папой хотят зайти в магазин. Какой это магазин, как ты думаешь? Сегодня вся семья пойдёт в гости на день рождения к одной маленькой девочке. И надо выбрать ей подарок. Смотри, Митя отдаёт свою лошадку незнакомому мальчику. Может, она ему надоела?

Сейчас все войдут в магазин, и Митя будет просить маму и папу купить ему большую красивую машину. Посмотри, какую машину хочет Митя. Митя всегда так делает. Свои игрушки раздаёт и просит купить новые. Митя правильно поступает?

Если ваш ребёнок схитрил подобным образом, похвалите его за то, что он такой щедрый, любит делать подарки. Но твёрдо оговорите условия покупки новых игрушек: «Ты даришь свои игрушки, когда хочешь. И я тебе дарю игрушки, когда я хочу. Игрушки твои, можешь поступать с ними, как пожелаешь: играть сам или дарить друзьям. Но и меня не вынуждай покупать тебе игрушку, когда я этого не хочу». Малыш должен понять, что вы разгадали его хитрость, но предоставляете ему право выбора.

Моё!

Аня и Митя очень любят рисовать. Вот и сейчас они достали альбомы, краски и рисуют. Ане нравится зелёный цвет. Она рисует зелёную травку. Митя хочет нарисовать солнышко. Покажи, где солнышко. Солнышко за окном, на улице, а в Митином альбоме солнышка ещё нет. Почему? У Мити закончилась жёлтая краска. Не беда, Аня с ним поделится. Нет, смотри, Аня прячет свои краски, не хочет, чтобы Митя ими рисовал. Она говорит: «Это мои краски! Не дам!». Митя расстроился, игрушки тоже. Как ты считаешь, Аня передумает, если Митя снова попросит жёлтую краску? Или Митя нарисует солнышко другого цвета?

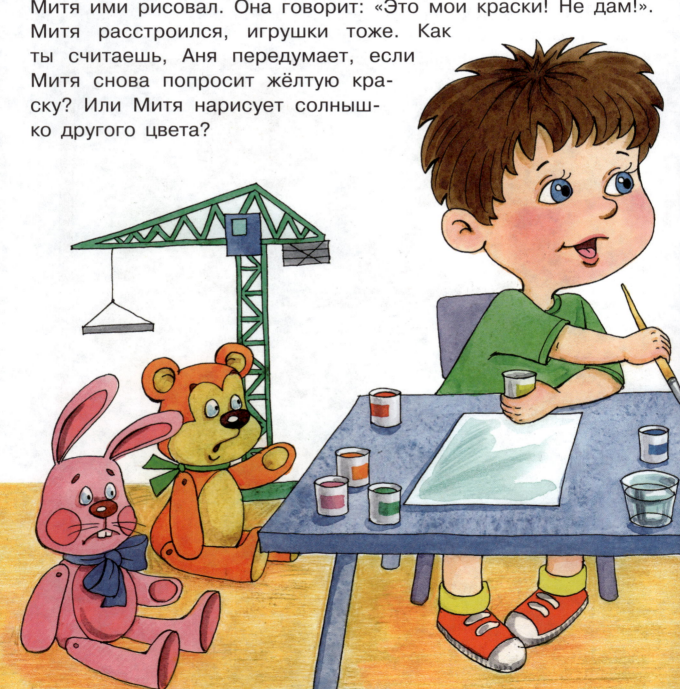

Не стыдите своего ребёнка за приступы жадности, не ругайте и не дразните «жадиной». Ребёнок в этом возрасте начинает осознавать и учится отстаивать «своё». Это очень важно для развития его внутреннего мира. Учитывайте это, оценивая поведение ребёнка. И обязательно хвалите его, когда он чем-либо делится с другими.

Я не виноват

Вот это да, какой беспорядок в комнате! Что же здесь произошло? Смотри-ка: и книжки на полу, и Митин зайка чуть не плачет, и мишка очень огорчён. Кто-то их всех обидел. А котик как испугался! Наверное, это Митя заигрался, пока мама с Аней в магазин ходили. «Нет, – говорит Митя, – это не я. Это котик нашалил, а я тихо сидел, смотрел картинки в книжке».

«Вот как, – огорчилась мама. – Придётся котика наказать. Молоко, которое мы ему купили, Митя выпьет. Заодно Митя и порядок за котика наведёт».

Чувство вины – одно из самых неприятных и мучительных переживаний. Поэтому ребёнок с лёгкостью переложит свою вину на кого-нибудь другого, часто на вымышленного персонажа: гномика, домовёнка и проч. Подыграйте детке: пригласите «виновника» в гости, чтобы ваш малыш мог рассказать ему, что можно и чего нельзя делать. Или договоритесь с ребёнком, в каких рамках его «друг» может шалить, с условием, что наводить порядок придётся вашему чаду. Такое уважительное отношение к фантазиям малыша поможет ему с пониманием принимать ваши запреты и ограничения и самому справляться с чувством вины.

Игра

Аня играет одна: укладывает куклу спать, поёт ей колыбельную песенку: «Баю-бай, бай-бай». А Митя вместе с другим мальчиком строят дом из кубиков. Митя кладёт кубик на кубик. Его друг подвозит «кирпичи», разгружает грузовик. Мальчики не берут Аню в свою игру. Как ты думаешь, почему? Может быть, Аня любит играть сама по себе? Или сейчас она не хочет строить вместе с мальчиками? А может, мальчики считают, что девочкам не место на стройке?

В возрасте около трёх лет ваш ребёнок начинает ориентироваться в человеческих отношениях, осознавать и отстаивать свои собственные желания. Вхождение в мир взаимоотношений происходит через совместную игру. Если ребёнок любит играть один, «выпадает» из любой групповой игры, – вполне возможно, что психологически он ещё не готов к ней. Понаблюдайте, почему другие дети не принимают в игру вашего малыша. Может быть, он не справляется с правилами игры или старается навязать другим свои правила, любит командовать... Старайтесь придумывать новые игры вместе с ребёнком для него и его сверстников.

В песочнице

Дети играют в песочнице. У Мити красное ведёрко. У мальчика в зелёном полосатом жилете – такое же ведёрко. Но мальчик почему-то решил отнять у Мити его ведёрко. Котик возмущён: «Безобразие. Мяу-у-у. Безобразие!»

Девочки сидят под большим красным грибом-мухомором. Анину дочку схватила девочка в синем сарафане. «Это моя кукла, – говорит Аня девочке, – а твоя кукла рядом с тобой сидит». Но девочка не хочет отдать Ане её дочку. Вот ведь как иногда бывает!

Это обычная житейская ситуация. Маленький ребёнок вовсе не от жадности выступает как захватчик. Просто в руках другого ребёнка игрушка оказывается более привлекательной. И часто, пытаясь захватить чужую игрушку, ребёнок может бросить или уронить свою точно такую же игрушку. Не журите детей. Просто помогите им организовать игру с двумя игрушками, ставшими объектом конфликта.

Что за рёв? Что за крик?

Митя упал на пол, плачет, кричит. Мишка и зайка испугались. Кукушка из часов выскочила, закуковала: «Ку-ку! Ку-ку!» Как кукушка закуковала? Покажи, как зайчишка удивился, как у него ушки выгнулись.

А что делают Аня с мамой? Они уверены, что кто-то спрятал их доброго, умного, хорошего Митю. И вместо Мити на полу валяется и ревёт чужой капризный мальчишка.

И Аня, и мама ищут своего Митю. «Под платком его нет», – говорит мама. «И под креслом нет», – вздыхает Аня. «Должно быть, он на кухне», – догадывается мама. Аня с мамой ушли искать Митю на кухню. Митя реветь перестал. Зачем реветь, если тебя не видят и не слышат?

Поиски своего умного и некапризного ребёнка в разных комнатах с причитаниями («Нет, это точно чужой мальчик. Наш Митя не стал бы реветь из-за такого пустяка, как...») иногда дают положительный результат. Бывают случаи, когда ребёнок отправляется искать самого себя, если голос мамы слышится из кухни или из прихожей.

Аня рассердилась

На этой картинке – всё наоборот. Аня рассердилась на маму, ногами топает, кричит. Мишка испугался, прижался к маминым ногам. Мишенька – он умный, добрый, тихий. От шума и крика у него всегда голова болит. Митя не знает, что делать, как Аню успокоить. Зайка собрался рисовать, но Аня так кричала, что зайка ушки прижал. Держит их, как концы шарфика. Такую сердитую Аню заинька не любит, её крика слышать не хочет.

Испуганная Анина дочка на подоконнике сидит. Пичужка в окно заглядывает, хочет понять, что происходит. Мама молчит, на дочку смотрит, ждёт, когда Аня успокоится.

Иногда даже спокойный ребёнок впадает в ярость, кричит и ругается, как умеет. Надо переждать пик ярости, а потом успокоить малыша. Когда буря утихнет окончательно, стоит сказать ребёнку примерно следующее: «Я тебя очень-очень люблю. Только сегодня люблю тебя меньше. Сегодня ты была (был) такая некрасивая, такая невоспитанная! И очень меня огорчила».

На прогулку

Какая интересная картинка! Похоже, мама с сыном танцуют. Ты согласен? Покажи, как они двигаются. Но почему у них под мышками игрушки? Это они игру такую придумали, чтобы быстрее разбросанные игрушки собрать. Взяли по игрушке, идут, поют, приплясывают: «Мы гулять пойдём, мы игрушки не возьмём. Тра-ля-ля-ля-ля-ля-ля, мы игрушки не возьмём».

Курочка с цыплятками, обезьяна, книжка, кубик, кольцо от пирамидки ждут своей очереди. А воротца и толстую книгу Аня, напевая, пританцовывая, сейчас отнесёт на свои места. Кукле игра нравится. Она в ладоши хлопает.

Маленьким детям без помощи взрослого трудно убрать разбросанные игрушки. По вашей просьбе малыш в состоянии убрать одну-две игрушки. А потом он увлечётся игрой или чем-то ещё и забудет о вашей просьбе. Другое дело – игра со взрослым. Хотите – хоровод ведите, хотите – поезд с игрушками отправьте, хотите – погрузите игрушки на машины и т.д.

Кулинары

Ты догадался, что происходит на кухне? Почему мама, Аня и Митя в фартуках? Они делают пирожки. У Ани на разделочной доске много теста. На столе лежат два пирожка. А третий пирожок Митя показывает маме: «Правда, красивый? С оборочкой!» Рядом с разделочной доской лежит скалка. Зачем она нужна? Покажи, как тесто скалкой раскатывают (воображаемая ситуация).

А на противоположном конце стола... что там? Красивый бочонок, пакет, ковшик, банка. Что в них? Над столом восхищённая мордочка котёнка. Думаешь, он красивый пирог с вареньем рассматривает? Котик молоко увидел, обрадовался: «Это моя еда».

Маленькие дети всегда стремятся делать то, что делают взрослые. И если умный любимый взрослый не пожалеет времени, не будет бояться, что малыш что-то испачкает и вымажется сам, совместная деятельность обогатит и тех, и других. Детям будет о чём рассказать другим членам семьи, чем погордиться.

Радость от общения со взрослым на деловой основе просто необходима для полноценного развития малыша.

Ай да Митя!

Наступил вечер. За окном луна, звёздочки мерцают. Мама с Аней в дверях комнаты стоят, на Митю смотрят. Да что случилось-то?

В соседней комнате погас свет. И в этой тёмной комнате осталась обезьянка. Дети и игрушки знают, что обезьянка боится темноты и ночью забирается в Митину кровать.

– Я пойду за ней в тёмную комнату, – решил Митя.

– И ты не боишься? – шёпотом спросила Аня.

– Боюсь. Но нельзя же друга бросить в беде.

Зайка, кот и мышонок гордятся Митей. А большой розовый слон закрыл глаза, чтобы не видеть испуганных глаз мальчика, у которого, однако, доброе, храброе сердце.

Есть много способов помочь ребёнку не бояться тёмной комнаты. Прежде всего, ни в каком возрасте не следует пугать малыша. Укладывая ребёнка спать, выключите свет и поиграйте в игру, кто что видит в темноте. И пусть ребёнок окажется победителем, «Зорким Глазом». Затем спойте ему колыбельную и пожелайте доброй ночи.

Все вместе

Папа вернулся с работы и рассказывает маме и детям о том, как прошёл день. Что-то интересное рассказывает, потому что и дети, и мама, и озорная обезьянка слушают его очень внимательно. А потом мама, Аня и Митя дети расскажут папе, где были, что видели, чему научились.

Папа в большом мягком кресле сидит, сына и весёлую мартышку на колене держит. Аня рядышком стоит, за ручку кресла держится. Папа дочку обнял, и она довольна. Мама улыбается. Котище счастлив, глаз с детей не спускает. Игрушки-зверушки притихли.

Мишка с зайкой тоже папу слушают. Можешь сесть, как они? Хорошо в этом доме, спокойно, душевно. Кра-со-та!

Как бы взрослые ни были заняты или утомлены, надо обязательно найти время приласкать детей, рассказать им о том, каким трудным (удачным, счастливым) оказался день. Это общение даст пищу уму ребёнка, обеспечит ему комфортное состояние. И взрослого это общение обогатит, поможет лучше понять ребёнка и душевное равновесие восстановить.

Спать, спать, спать...

Митя быстро бегает по комнате, гудит: «У-у-у-у». Он самолёт. Зайка-пассажир крепко держится за Митю, боится упасть. За окном темно. На небе есть месяц? А звёзды? Покажи их. Аня зевает и готовит свою пижаму. Анин мишка уже сладко спит. Только Митя ещё не наигрался, он не слушается маму и не ложится спать. Давай скажем ему: «Митя, ложись спать! Уже поздно!»

Не ругайте ребёнка за то, что он «разыгрался» перед сном. Однако подвижные игры вечером приводят к перевозбуждению ребёнка и могут даже закончиться слезами усталости. Если ваш малыш разбегался, расшалился под вечер, предложите ему заняться вместе чем-нибудь более спокойным. Хорошо снимает возбуждение и успокаивает ребёнка рисование, лепка, наклеивание аппликаций.

Баю-баю, спать пора!

Кто уже заснул? Митя заснул. А чьи это уши выглядывают из-под одеяла? Это зайка спит рядом с Митей.

Мишка зевает, тоже засыпает.

А Аня? Аня ещё не спит, что-то папе рассказывает. Папа слушает, улыбается, дочкой любуется.

Хорошо-то как, правда?

В семье должен быть ритуал укладывания малыша. Неизменность, предсказуемость такого важного момента, как отход ко сну, дарит малышу ощущение защищённости, уверенности в любви родителей. Хорошо, если взрослый ласково укроет кроху, обнимет – даст почувствовать заботу о нём. Замечательно, если кто-то из родителей, укладывая малыша спать, расскажет ему о своих проблемах: что сегодня порадовало, что огорчило, что удивило... Это в одинаковой степени важно обоим. Взрослый становится ребёнку ближе, понятнее, а отсроченное переживание некоторых событий нередко помогает маме или папе принять правильное решение, избавиться от отрицательных эмоций.

Приснился страшный сон

Аня очень испугалась во сне. Она даже заплакала от страха. Мишка пожалел Аню, но девочка решила, что маленький медвежонок не сможет её защитить от страшного сна. Тогда Аня пошла к маме и папе: она решила лечь вместе с ними, ведь рядом с родителями не так страшно. Как ты думаешь, мама и папа разрешат ей остаться? Нет. Сейчас мама отнесёт Аню в её кроватку, укроет одеялом, погладит... Покажи, как мама погладит Аню. Очень ласково. И прогонит страшилку. Мама скажет волшебные слова: «Уходи, уходи, страшный сон, от моей девочки», и Ане будут сниться только сладкие сны.

Часто дети просыпаются среди ночи, плачут и просятся спать в кровать к родителям, потому что им страшно. Не стоит давать малышу возможность при малейшем беспокойстве нырять в вашу кровать. Но и не позволяйте себе резко «воспитывать» сонного кроху. Будьте последовательны и снисходительны. Отнесите ребёнка в кроватку, погладьте, спойте колыбельную, прогоните страшный сон, посидите рядом с малышом, пока он не заснёт.